DT

みうらじゅん
伊集院 光

角川文庫
18198

はじめに（筆下ろし）

「童貞のくせに」という物言いは、驕《おご》った気持ちの表れである。それを言うとき、自分は確かに〝卒業〟している。しかし、なにもたいしたことをしたわけじゃない。筆下ろしに協力してくださる女性がたまたまそこにおられただけのこと。その瞬間から大人に成ったと勘違いするのは、青春期にありがちなノイローゼ（病名「青春ノイローゼ」）のなせる業。オドオドして、びんびんになって、「そ……そこよ」って導かれた道をただ進んだだけのこと。その手の雑誌やAVから学んだ技巧を駆使したわけじゃない。

当然のように不本意に終わってしまった初体験。「気にすることないわよ」のお優しい一言には、幼いころの母との思い出が甦《よみがえ》る。〝僕はここから生まれてきたんだ！〟未知の世界と思い込んできた女体、特に女性器はかつて通過したことのある産道であった。おっぱいもしかり、しこたまここに吸いつき授乳されていた部分にすぎないことに気づいてしまった。〝憧《あこが》れのセックス〟なんて言葉は結局、子孫繁栄のための本能の別名。自分の意思とは関係なく、生まれながらにしてDNAに組み込まれたシステムをまっとうしているだけのこと。あぁ、イヤになっちゃうぜ……。

若くからスポーツに明け暮れ、歳を取っても体力作りに余念がない〝体育会系〟と呼ばれる男《メン》たちはこんなことにいちいち悩まないと聞く。「食う・やる・寝る」の三原則を忠実に守り、浮気がバレても「だって、したかったから」というストレートな発言をするらしい。この男《メン》たちについて、本書は扱っていない。その生態を知りたいならば動物の図鑑を見ればすむ。

体育会系以外の男たち。俗に〝文化系〟と呼ばれている、性に対し臆病《おくびょう》で、そのくせ理想が高く、夢想家であり、夢精家であり、日記をつけるかの如くオナニーにも励み、要するにいつまで経っても「童貞くさい」と呼ばれる諸氏。大概の書は、童貞くささをマイナス面と捉《とら》えてきたがどうよ？　それは正しかったのだろうか。

「若いころから女にモテてきた男の想像力は犬以下である」ニーチェ

正しく物事を捉えることは社会生活を営むうえで重要なことである。しかし、そこには想像力は必要とされない。「宇宙人はすでにこの地球上に入り込んでいる!!」とテレビで熱弁している文化系男と、それを鼻で笑ってる男。どちらがモテそうかといえば後者だが、どちらが面白いかといえば前者だ。「女は話を聞いてやれば落ちる」と豪語するホストと、「女は本当の怪獣のかっこよさを知らない！」と嘆いてる文科系男、どちらが面白い？

そこが問題なのである！

女性はよく理想の男性像を語るとき、「優しい人」の次に「面白い人」を挙げる。「そんな奴、童貞期が長かった奴に決まってんじゃん！」とオレは思うが、奴《やっこ》さんたちはどうやらそういう人じゃないらしい。平然とこう言う。「福山雅治さんみたいな人！」おい！　話にならん。

長年オレがイライラしてきた現実に本書は勇敢に立ち向かう。本当に面白い人がどんな人なのかを教える時がきたようだ。

「近道を選ぶな！」、そんな道は若いころからモテた奴で渋滞している。「あえて遠回りしろ！」、無駄な努力と言われても気にしないこと。その努力こそが本来、動物とは違う〝にんげんだもの〟。

〝童友〟・伊集院光氏とはあるテレビ番組で知り合った。番組中はもとより、その後も飲み屋「魚民」で熱く語り合ったテーマ〝童貞〟。いかにしてそのマイナスイメージをプラスに変えるか？　オレたちもまた、童貞を語ることで童貞に戻ろうと考えた。その甲斐《かい》あって、いまではすっかり二人とも、見せブラや見せパンを目撃しただけで、「あ……あの下にはおっぱいやおしりがあるんですよね!!」と鼻血を出しそうな勢いであーる。

みうらじゅん

目次

D.T.
みうらじゅん
「童貞をオーエンすることに決定!!」
伊集院光

1

童貞の何がスバラシイのか？

いま、童貞がブーム!?

――みうらさん、伊集院さんの中では、『童貞』がブームだそうですが、いったいどういうことでしょう？ そもそものきっかけを教えてください。

みうら きっかけはいまから3年ぐらい前だったかなあ。仕事のときだったか、伊集院さんと話したときに、僕がたまたま会話の中に「童貞」って言葉を投げ込んだことがあったんだ。そしたら、その後は、ずっとそのテーマばっかりになっちゃった。

伊集院 童貞をテーマに、映画を撮ろうって話にまでなりましたからね。

――なぜ童貞でそこまで盛り上がれるんです？ 童貞って、あまりいいイメージありませんよね。

みうら 自分自身の童貞といかにつきあったか、童貞をどう捨てたかが、その後の人生を決定的に支配してしまうんだよ。たとえば、**大人になってモノを創るような人間は、間違いなく童貞期が長かった**と思うんだ。モテなくて、セックスできなくて、その代わりにせっせと文科系の腕を磨いたわけでしょう。

伊集院　いろいろ文化的なことに興味覚える前に女を知っちゃうと、そんなことはどうでもよくなりますからね。悪かないけど、普通にモテ組、ヤリチン組の道に行っちゃう。

みうら　童貞期が長かった奴でも、やっぱり童貞喪失した後は「女がいちばん」になるし、しばらくは自分もモテ組に入ったような気がするんだけど、やがて本当はそうじゃなかったってことに気がつくんだよね。そういう人は、いざ童貞喪失をしてもずっとそのころのことを覚えてる。

伊集院　童貞期の自分を克明に覚えてるどころか、いまだに言動が童貞っぽかったりしますもんね。

みうら　そこまで人生に影響を与えるんだから、もう肯定したほうがいいと思うんだ。「童貞」という言葉は、これまで否定的にしか使われなかった。でも、童貞はやたら面白いんだ。

――しかし、一度経験しちゃったら、もう童貞ではありませんよね。お二人にとっても、遠い昔のことのはず……。

みうら　確かに僕らはもう童貞ではないよ。でも、大人になっても童貞の気分を持っているほうが絶対にいいんだよ。

伊集院　経験はしていても自分の中にはまだ、童貞が残っている場合があるんですよ。それに早く気がつくべきなんです。

みうら　だから、肉体の童貞は失ったけど、精神はまだ童貞だぞっていうのを、まず「DT」って呼んでみようと思うんだ。

――**DT**……。

伊集院　僕たちが初めて童貞話で盛り上がったときは、もうお互いの中では童貞ブームが盛り上がってたじゃないですか。みうらさんの中でいつからだったんですか？

みうら　僕の童貞ブームの始まりは、ビデオ屋の店先でワゴンに入って山積みになっていた『童貞物語』を見つけたときからなんだ。

伊集院　ああ、和製『グローイング・アップ』みたいな映画でしたよね。

みうら　もともと中古ビデオ屋に行くと、パッケージがいちばん退色しているものを選ぶ癖があるんだけど、その店には『童貞物語』のシリーズがやたらとたくさんあってね。童貞はそれだけもう過ぎ去ったブームなんだなと思ったんだけど、買って観てみたら、もうすっかり忘れてた――たとえば**シャワールー**

ム覗《のぞ》くみたいなシーンが満載だったんだよ。「自分はそういう気持ちを忘れてたな」と思って、それから童貞ビデオを集め出したんだ。

伊集院　そういえば、そういう『童貞物語』とか『パンツの穴』みたいな映画、最近ないですよね。

みうら　ないでしょう。でも考えてみると自分が童貞のころって、そういう「**童貞映画**」が好きだったと思う。もちろん、チャールズ・ブロンソンとかも好きだったんだけど、「ブロンソンは童貞じゃない」ということに、ものすごくコンプレックスがあって。

――**普通は、だからこそ憧《あこが》れたりするんじゃないですか？**

みうら　そういう人は、憧れはするけど共感はしないでしょ。

伊集院　感情移入とか、そういう観方はできないですよね。

みうら　だから、童貞が主人公の映画にすごく感情移入して。『ジェレミー』っていう映画では、主人公が童貞で、しかも強度の近眼なんだ。それで初体験のときに年上の女の子に眼鏡を外してもらう。それを観たら「オレもいつか、可愛い女の子に眼鏡を外してもらう日がくるんだ！」って思い込むでしょう（笑）。

伊集院　眼鏡の人ならではの初体験イメージですね（笑）。
みうら　その後、大人になってまた『ジェレミー』を観てみると、その童貞のころの気持ちを思い出すんだよね。きゅんとするんだ。
伊集院　そこで、「ガキのころはこんな映画好きだったのか」と違和感を覚えるんじゃなくて、ちゃんときゅんとできるのがDTですよね。
みうら　童貞のころ、自分が童貞であることを心地よく思うことはない。むしろ不快だよね。でも、大人になるともう一度、その気分が好きになる時がくるんだ。「カムバック童貞」だね。

童貞はコンプレックスか？

――伊集院さんの童貞ブームはいつごろからなんでしょう？
伊集院　身近にいい童貞がいるんですよ。ラジオの構成作家で渡辺くんっていう、27歳でいまでも童貞の人。
みうら　おお、いい童貞だね。
伊集院　彼は柳沢くんっていうADとすごく仲がいいんですけど、柳沢くんはクラブでＤＪやってるようなモテ系の子なんです。だから、彼らは唯一、エロ話だけは合わない。僕が入って話していると、柳沢くんだけ浮いてくるんですよ。なぜだろうと思ってよくよく聞いてみたら、柳沢くんは小６で童貞なくしてるんですよね。

みうら　それだけで彼はＤＴ失格だね（笑）。

伊集院　その点僕は、童貞を17歳でなくしましたけどバリバリＤＴですから。そのへんは渡辺くんのほうと話が合うんです。僕の中学生時代なんて童貞仲間で集まって、荒唐無稽《こうとうむけい》なレイプ計画を練ってそれを、頭ん中に持って帰ってオナニーして寝るという。もとよりみんな、実行する度胸なんかないし、それで充分というそんな暮らしだったんですよ。

みうら　そういう計画を、童貞はみんな練るね（笑）。

伊集院　そんな気持ち、小６で童貞を失った奴にわかるわけがないんです。絶対練ってない。ちなみに柳沢くんはすごくチビなんですけど、中学時代に不良が「女のアソコってどうなってるんだろうな」なんて話してるのを、「やったこともないくせに」って鼻で笑って聞いてたらしいんですよ。チビであることなんて、もはやコンプレックスでもなんでもないんですね。

みうら　男にとって**「童貞じゃない」ってことは「コンプレックスが全然ない」ってこと**だからね。

伊集院　デブとかチビが最強のコンプレックスだなんて思われてますけど、中学くらいのときはそんなことよりも、優先順位として「ちんぽでかい」がダントツで上位だったじゃないですか。それを逆転できるカードなんて、もう「童貞じゃない」しか残ってませんもん！

みうら　そうだよね。

伊集院　でも、今度は童貞の渡辺くんとも僕は少し話がズレてくるんですよ。

みうら　彼があまりにもやってないから？

伊集院　そうなんです。ほら、まだ童貞だったころって、**女のアソコを見る……といったシチュエーションの夢を見る**じゃないですか。渡辺くんは、大人になったいまでもその夢の話を克明にできるんですよ。

みうら　子供のときの夢を覚えてるんだ。いや、いまでも現役で見てるのかもね。

伊集院　そうだと思います。

「気がついたら銭湯にいて、女湯と男湯のカベが突然崩れて、チャンスと思って女のアソコを見ようとするんだけど、ちょうどその部分だけ濃い湯気で隠れている。よく見るとその湯気は、綿みたいなかたまりになっていて、一心不乱にむしってみるけど減らない。周りにいた人全員でむしっていたら、急に現れた教頭先生に怒られたところで目が覚めたんです」

伊集院　なんて話をされると、僕も絶対にそういう夢を見てたはずなのに、もう覚えてない。それが「やばい、オレはこいつに負けてる」って悔しくて。あと、ラジオ番組あてに童貞っぽいハガキが届くんですけど、もうあれが書けない。それは、えらく都合のいい恋愛の話だったり、エロビデオ買いに行くドキドキの話だったり、風俗に行ってみたいけど怖いという話だったり、僕らはそんな童貞的な喋《しゃべ》りができたり、童貞っぽい絵や文章が書けるのが仕事であるにもかかわらず、やっぱりDTの限界があって、実際のところはできてないでしょう。本当の童貞に見られたら「贋作《がんさく》だ！」ってすぐに見破られますよ、「この部分にキンチョウ感が感じられない！」とか（笑）。それが悔しくて、僕の中でどんどん童貞が高嶺《たかね》になってるんですよ。

みうら　僕の中でも童貞は憧れだよ。で、さっきの渡辺くんあたりに、本当に素直に「これは童貞的にはどうなの？」って聞くことがあるわけですよ。たとえば「童貞的に乙葉《おとは》はどう？」

とか。

みうら 乙葉！　それはぜひ、童貞の意見を聞きたいところだね。

伊集院 それで「たぶん乙葉や小池栄子をいいと思っているのは、童貞でもなければヤリチンでもない層で、童貞的には……」みたいな話を聞くと、「なるほど、そうなのか」と本気で感心するんです。

でもその「童貞的にはどう？」って聞くのが、その27歳の童貞の渡辺くんなんかにしてみると、ものすごく馬鹿にされてるような気がするらしいんですけどね。そうじゃないんだって何度も説明してるのに。「**童貞目線**」を**取り戻したい**、というこっちの気持ちは伝わらないですね。なんだかんだでやってるくせにやりたくてもやれないこっちの身にもなれよ、と思われてしまうんです。

みうら 童貞って、**本当の意味での**「**自由人**」なんだよね。

伊集院 そうですよね。童貞期の想像力は本当に自由ですよ。

みうら 昔「らくがお」っていうのをやってたんだけど、やっぱりあれは小学6年生くらいまでがうまくて、それ以降はだんだんダメになっていくんだ。大学生

伊集院　が送ってきた「らくがお」って、やっぱつまんない。

みうら　あざといんでしょう？

伊集院　そう。小学生の鼻毛の出し方なんて、もう**童貞ならではのタッチ**なんだよ。

みうら　子供の「らくがお」で好きだったのが、たとえば目からビームを出したいだけ出して、出しすぎてなんだかわかんなくなっちゃって、矢印つけて……。「ビーム」って書くやつね（笑）。

伊集院　普通、ビームらしく見えるように調整しながら描くじゃないですか。こないだもラジオにきたハガキで、「硬くなったちんちんで姉のピアノを弾いてみた」っていうのがあったんですよ（笑）。もう自分では発想できないことですけど、「オレ、これわかるなあ」って言ったら、ヤリチンAD柳沢くんは「わかんないっすよ」って。

みうら　わかるよ、女の子の笛舐《な》めちゃうやつの延長でしょ。

伊集院　DTならわかりますよね。でも、さすがに本当の童貞は違う！　と思ったのが、その後に「フタが閉まりそうでドキドキしました」って書いてあるんですよ（笑）。

みうら　そういう本当の童貞の発想を愛《いと》おしく思ったり、それを覚えてたりするのは、

「まだ童貞を100%なくしてない」証拠なんだと思うんだ。自分の中に童貞ブームがきたおかげで、それがはっきりわかった。
たとえば、自分が飲み屋で誰かにひどいこと言ったり、説教したりした次の日って、決まってものすごく落ち込むんだよ。「本当のオレはこんな奴じゃないのに」「あんなことを言うような自分じゃなかった」って。どうしてそんな後悔をするんだろうって思ってたんだけど、それはつまり、**自分が童貞だったときのことをまだ覚えてるから**でしょう。

伊集院 それがDTですよね。

みうら モテ組みたいに童貞だったときの自分を忘れてしまえれば、「オレはもともとこういう奴だったはず」なんて、悩まないですむんだろうけど。

伊集院 最初からヤリチンだった奴にはわからない過去ですよね。

みうら 親が言う「あのころあんたは優しい子だったのに」もまったく同じで、その「あのころ」っていうのは、つまり「童貞だったころ」なんだよね。「自分らしさ」って、実は他人に決められてたりすると思うんだ。「君らしくないよ」って言われると、「なんでオレのこと知ってんだよ！」って言い返したいけど、たぶんそれはみんなの共通認識としての「童貞のときの君なら、

伊集院　そんなことはしなかった」っていう判断でしょう。

みうら　なるほど、確かにそうですね。

伊集院　その「らしくないよ」って言い方はだいたい、「調子に乗ってるよ」「天狗《てんぐ》になってない？」って意味で使うでしょう。確かに**童貞は調子こいてないし、そもそも一度も天狗を使ったことない**からね。あれほど巨大な劣等感はない。もう一人の自分に「いまのおまえ、かっこ悪いぞ」って囁《ささや》かれるような気持ちになることってあるじゃないですか。あれは調子に乗れなかった童貞期を忘れられないDTの性質ですよね。

みうら　だから、ここが肝心なんだけど、童貞って盲腸みたいに思われがちで、「早く捨てたほうがいいよ」って言われるでしょう。でも、そうじゃないんだ。

伊集院　そう。あれは切らないで熟成させて、**いい感じで自分の中に収まるようにしたほうがいいですよね**。問題はその、自分の中のDTとの正しいつきあい方。

みうら　**「童貞もと暗し」**なんだよ（笑）。童貞のときは自分の面白さに気づかないんだけど、大人になったら自分の故郷をもう一回見るように、DTとなった自分の目線で童貞期の自分を振り返ってみる。そこには面白いネタが詰まってるんだ。

伊集院 僕は、森田公一とトップギャランの「青春時代」って、全部「童貞」って置き換えるとわかりやすいと思うんですよ。

「♪童貞時代が夢なんて　あとからほのぼの思うもの～　童貞時代の真ん中は胸にとげさすことばかり～」ですから（笑）。

みうら そうだよね。無理に「青春」って言ってるけど、あれって「童貞」のことだからね。だって青春時代の終わりって、童貞喪失のことでしょう。

伊集院 テレビや小説で使われている「青春」も、全部「童貞」に変換してみるといいんです。『童貞とはなんだ』ってドラマが成り立ちますよ（笑）。

みうら 『童貞の門』とかね（爆笑）。

伊集院 それ、そのままぴったりじゃないですか（笑）。それと「青春とは年齢ではなく、自分が青春を感じるうちは青春なんだ」とかって言いますけど、あれだって「童貞は年齢じゃない、自分が童貞っぽいんじゃないかなって思ってるうちは童貞なんだよ」ってことですよね。

みうら 実は「やる・やらない」は問題じゃないんだ。一応「童貞」と「DT」に分けてはみたけど、この2つは対立する概念ではない。

伊集院 童貞って劣等感のかたまりだったりするけど、そういう連中に「君たちは面

みうら　白いパワーを貯めてんだぞ」と教えたいですね。
そして、もはや童貞でない人たちには、ＤＴであることを大事にしようよ、と言いたい。そう思って、この本を企画したんだ。

2

「童貞辞典」という誤報地獄！

「キープオン童貞力」の方法

――伊集院さんは、自分の「童貞」とどういうつきあいをされてきたんですか？

伊集院 僕は自分がデブだってことにコンプレックスを持っていたので、その裏返しで、「デブなのに」ってみんなに言わせたいと思っていました。高校でも野球部に入っていたし、「アイツはデブだけど普通に活動的なグループにいる」ってことにしたくてずっと気を使って、不良がリーゼントにしたら、オレはモヒカンにしたり……。

みうら それも極端だね（笑）。

伊集院 だから「童貞も早く失わないとやばい」「普通のデブと同じくらいじゃイヤだ」って。焦って失ったのは17歳のときだったんですけど、**その後もずっと童貞な気持ちのまま**だったんですよ。なんか無理してるし、そんなんで童貞じゃなくなったからって、ガラッと変わるもんじゃありませんね。

みうら 業界で言うところの「**キープオン童貞**」だね（笑）。

伊集院 20歳くらいのとき千葉の海に行って、ある女の子と「どうもこれはできるぞ」って感じになったんです。でも、コンドームを持ってないからやばい！と思って。エッチできそうな雰囲気になっても「ちょっと海見に行こうか」とか言って連れ出して、土産物屋に入ってはコンドームがないか必死に探して……。

みうら　土産物屋にコンドームはないだろう。

伊集院　それがあったんですよ！　キーホルダーに入っていて「A型」とか「O型」とか書いてあるやつ（笑）。

みうら　ああ、あったあったそういうの。

伊集院　千葉に来ただけだっていうのに、その女の子に「友達に土産買ってくる」とか言って、ホコリかぶってたやつが5個くらいあったんですけど、**全部わしづかみ**にして「これください、これ」（笑）。その後で女に見つからないようにキーホルダーをスライドさせて、中身を取り出して……。もうバレバレなんだけど、女の子にも土産物屋のじじいにもそのときはバレてないと思い込んでるんですね。童貞失って3年も経ってたんだけど、やってることはもう完全に童貞なんです（笑）。

みうら　しかも、いい童貞だよね、それ。

伊集院　自分でもそう思います。もう理想的なDT。

みうら　コンドームつけるときって、いい雰囲気になったところを一瞬遮断しなきゃいけないでしょう。探しに行ったりつけたりするのって、時間にしたら1分もないんだろうけど、**童貞からすると2時間**くらいに感じるよね。

――**モテ組の人たちはどうしてるんでしょうか？**

伊集院　それはオレにもいまだに謎（笑）。DTにモテ組の話を聞かれても……。

みうら　どうしてるんだろうね。僕の場合はコンドームを取りに行きながら、同じ大きさの声で聞こえるように喋《しゃべ》るんだ。あんまり遠くに行ってない、さも隣にいるようなフリして「こないださ〜」って、だんだん声を大きくしていくの。

伊集院　何やってるんですか（笑）。

みうら　ボリューム調整（笑）。

それがうまくいったとしてもさ、今度は精液溜《た》めに溜まってる状態というのがあるでしょう。あれはどうするべきなの？

伊集院　**終わった後は素敵なトークをする、ってことになってる**じゃないですか。

みうら　なってるよね、世の中では。

伊集院　でも、その素敵なトークの最中にコンドームがブラブラついてるっていうのはどうなんですかね。しかもオレはデブだからそのときとふだんの差が激しいんですよ。油断してるとスポッと取れたりしちゃう（笑）。

みうら　あれはもう「早くくくりたい」だよね。風船屋のオヤジがきゅって縛るみたいに早くくくりたい。でも片手でそっとはできないでしょう。口の中にさくらんぼ入れて、舌で結び目作れる奴くらいのテクがいる（笑）。

伊集院　だいたい「終わったら素敵なトーク」みたいな、**童貞のときに学んだベッドマナーをいまでも守ってる**ところがどうかしてますよね。「終わったら女の子と軽い会話で」なんてベッドマナー、あり得ないでしょう！　なのに、薄々嘘だとは感づいてはいても、「少しくらい会話をしないと……」なんて思ってる。

みうら　雑誌なんかで「すぐに寝てもいいです」って書いててくれたらこんなことにはならなかったんだよ。

伊集院　そういうものに載っている「こうすれば女を口説ける」みたいなデートコースを実践したとして、うまくいく奴はそのコースの途中をいくつか端折《はしょ》ったってうまくいくと思うんですよ。逆に童貞の奴ほど、ものすごく慎重に考えながらマニュアルどおりにやろうとする。

みうら 童貞はとんでもないことも信じてるからね。僕の友達で、32歳で結婚するまで童貞だった奴がいるんだけど、けっこういい歳になっても「**女は右のおっぱいが感じるんだってね**」って唐突に言うんだ。なかなか常人にはできない発想だよね（笑）。童貞だと小学校くらいで仕入れた誤った情報も、ずっと信じていられるんだ。

伊集院 何の根拠もないのにすごく真実味が感じられる情報ですね（笑）。

みうら だからそいつには、「男も初体験はすごく痛い」って教えたんだ。「そうなの？ 痛いの？」って、心配そうに聞くから、「あたりまえだよ、女と一緒で**男だって初めてのときは血が出るよ**」って。そいつになるべく童貞のままでいてほしかったから、そんなふうに怖がらせて、あと「風俗嬢は全員病気持ちだ」って信じ込ませて。本当のことに気がついたときはさすがに怒ってた（笑）。

伊集院 童貞のおかしさって、経験がないから本当に信じちゃうとこですよね。

みうら 「**ちんぽ見せただけで女は濡《ぬ》れる**」とか、そういう誤報を信じてるんだよ。

伊集院 男だけで汚い部屋で麻雀《マージャン》しているときに、そういった情報が飛び交うんですよ。「**学説で、赤い服を着てる女はやりたがってるらしいよ**」とか。

みうら あったあった、その学説（笑）。「**髪をしょっちゅう触ってる女はしたくてたまらない**」とかね。

伊集院 もう童貞のあいだでは恐ろしい情報が飛び交ってますからね。しかも「赤い服の女がやりたいなら、青い服の女はやりたくないの？」なんて誰かが聞くと、「いや、それはやりたい自分を無理に抑えようとしてるんだよ」とかムチャクチャなこと言い出す奴がいて（笑）。

みうら 童貞の変な確信って、調べようがないからどんどんそれが本当になっていくんだよね。照らし合わせることもできないし。

伊集院 「女の人のアソコは穴が6個開いてる」とか信じちゃう奴いましたもん。僕はそのまんま信じてたよ（笑）。あの狭いスペースにどう6個収まってるのか、それがもう中学時代最大の悩みだったもん。繋《つな》がっちゃうだろ、そんなにあったらって思ってた。高校のときに友達の家に泊まりに行ったら、そいつが「確かめないか？」って。隣が妹の部屋だったんだけど、「何を？」

みうら って聞いたら「穴の数」と。「妹だからかまわない」って言うの（笑）。

伊集院 最悪の理論だ（笑）。それで、見たんですか？

みうら 懐中電灯持って妹の部屋入って、そーっとパンツずらして。ちょっと動いたらぱーって逃げ出して（笑）、またそろそろ入っては逃げてで。

伊集院 そこまでやってるのに、勘違いのままなんだ（笑）。

みうら そうしたらその友達が、「ムヒを塗ってみようか？」と。もうワケわかんないんだけど、「スースーして明日《あした》あいつ風邪ひくぞ」って、まるで実験のつもり（笑）。さらにそいつは「バッジを乗せてみようか？」って（笑）。

伊集院 もうエロの仕方でも何でもない。

みうら もうわかんないからとりあえず飾ってみようって発想だよね。

間違いだらけの「童貞辞典」

伊集院 穴が6個説と同時に、かなりのあいだ、セックスはちんぽを女のケツの穴に入れるもんだと思ってませんでした？

みうら まあ、それがあのころ、もっぱらの**主流の説**だったよね。

伊集院 地球は平らで4頭の象が下で支えているっていうのと同じくらい、かなりの

みうら　あいだ主流の説でしたよね（笑）。
あと小学校のときの誤報でさ、友達で、「女は男の乗り物だ」って言う奴がいたんだ。それはオヤジがオカンの上に乗ってるところをたまたま見ちゃったんだろうね。印象派の発言として受け止めたよ（笑）。

伊集院　言い方変えると北方謙三みたいですね。

みうら　「小僧ども、女は男の乗り物だ！」的なね。

伊集院　あと、僕らが子供のころは「**外人は動物だ**」って説があった。確かに当時は「**スウェーデン**」**というとエロしか思いつかなかった**ですもんね。

——　**スウェーデンなら音楽とかだってありますけど……。**

みうら　いまやそういうオシャレなところなんでしょ。でも「スウェーデン食わぬは男の恥」と言われるだけあって、当時の説では、やりたくなったら道端でみんなやってるというイメージだった。

伊集院　どうして童貞のあいだではそういう嘘情報が平気で飛び交うんだろう？

みうら　童貞は心の中で「**童貞辞典**」を編纂《へんさん》していくんだよ。辞典だから、一度インプットされると、その知識はなかなか変えられない。たとえば童貞辞典のポ

伊集院　ピュラーな項目としては「女の人もエッチだ」というのがある。でも童貞のうちにそれを一回打ち消す時期がありませんか？「女はみんなしたがってるとか言うけど、そんなことはなさそうだ」って。

みうら　それがまたひっくりこう最近なんだけど「やっぱり女の人もエッチだった」になったのって、けっこう最近なんだよね。これはDTを自覚したことによって、また童貞の気持ちになってるってことだと思うんだ。「どうやら女もしたがってるぞ」って。自分の中で、童貞辞典の**改訂版**が出たんだね。

みうら　だけど、そのみうらさんの改訂版がちょっと嘘なのが、「どの女も」って書いてあることでしょう？（笑）

伊集院　「小池栄子も」って書いてあるよ（笑）。

みうら　正しい辞典なら「小池栄子も好きな男とだったら」ってちゃんと書いてあるはずですよね（笑）。

伊集院　改訂前の辞典を信じちゃうと、「好きな男と」がわからない。注釈として「いやんいやんも好きのうち」って書いてあったからね。

伊集院　童貞辞典は間違いだらけなんだけど、少しずつ改訂していくことで、自分というものが客観的に見えるようになるんです。自分がDTだって自覚すれば、出会い系サイトで知り合って最終的に愛のもつれで殺しちゃう、なんてことはなくなりますよ。「そこには愛なんかないんだもん、オレはもともとモテないもん」って思っておけば、そんな無残なことは起きないでしょう。**「オレ、一瞬本気になっちゃってさ、馬鹿だよなあ」「結局、金だよな」って笑えるのが本当のDT**じゃないですか。

――　でも、やっぱり「愛」は大切なんじゃないでしょうか？

みうら　もともと日本には「愛」なんてセンスなかったでしょ。あんなの近年になって外国から持ち込まれた思想だから。

伊集院　「愛」を知らなくても「やりたい」はあったわけですからね。

みうら　高校のときにジョン・レノン聴いてすごく困ったんだ。まだやってもないのに、宣教師みたいに「愛を信じますか？」って聞かれてもねぇー。まずはやってからでしょ。そんなこと落ち着いてからじゃないと考えられないでしょ。

3

童貞に「中間」という思想はない！

童貞だけに見える妖精《ようせい》

みうら 童貞のころは、「**錬金術**」って言葉を聞いただけでニヤニヤ笑うもんだよね。

伊集院 そういう本来は性と関係ない言葉を、無理矢理結びつけたりする童貞の想像力って、もう「**童貞力**」としか言えないですよね。僕も当時、ドラえもんの道具はどう組み合わせればエッチなことができるのかとか、そんなことばっかり考えてましたもの。

みうら 義務教育って、いちばんムラムラしてる時期の男女をひとつのところに集めて行うわけだから、ワケのわからない難しい単語とかをわざと覚えさせてムラムラを散らす必要があるんだと思うんだ。だからピタゴラスの定理とか将来何の役にも立たないことをわざと言うんだろうけど、たまに社会の教科書に「アウレリアヌス帝」とか出てくるともう台なし。アヌスなんて響きを聞いたらそれだけで拍手が起こったもんね。

伊集院 無理にでも結びつけてましたよね。でも、いまそういう言葉を聞いてもそれほどエッチなことを考えないってことは、童貞力が弱ってる証拠なんでしょ

みうら　うね。きっと**童貞だけに見える妖精**がいたんですよ。

伊集院　あのころは「オネジ」「メネジ」って聞いただけで大興奮だった。あと古文の「せ・し・する・する・すれ・せよ」。「いま『せいし』って言ったぞ！」とか（笑）。

みうら　それだけでオナニーができたでしょう。

伊集院　できましたよ。でも、童貞のもっとも男らしいところに、そういうとき「**クラスでいちばん好きな女の子はオカズにしない**」っていうのがありますよね（笑）。

みうら　あるある。

伊集院　それは童貞辞典に書いてありましたよね。それでもクラスの女の子ですると きって、そのチョイスが面白いんですよ。ちょっと不良っぽい子でいってみたり。

みうら　昼のアイドルと夜のアイドルは分けるからね。

伊集院　あれ、両方ともつきあう可能性もないのに律儀に分けてるっていうのがおかしいんですよねえ。基準はどこにあったんだろう？

みうら　でも、昔の童貞といまの童貞はやっぱり違うのかな。昔は土産で**ヌードボールペンもらっただけで、もうえらいことになってた**けど。

伊集院　延々と見てましたよね。「おお、出た出た！」って。

みうら　いまの子はさすがにヌードボールペンのお世話にはならないでしょう、ヘア解禁のこのご時世だと。ビデオだってあるしね。

伊集院　温めるとヌードの絵が出てくるエロジッポってあるじゃないですか。そういうエログッズって、**童貞力をキープしているようなオヤジが買うもの**だったでしょう。でもいまは、ああいうオヤジはかえって買わなくなってて、普通の若者が「これよくない？」「こんなの持ってるオレって面白くない？」みたいな感じで持ってたりするんですよ。

みうら　その「面白くない？」は「童貞っぽくて面白くない？」じゃないよね。「オシャレヌード」だよね。

伊集院　「オシャレヌード」はよくないですよね。

みうら　必要ないよあんなもの。僕、子供のころに工事現場で拾った『ガーリー』っていうエロ雑誌をまだ持ってるんだけど、正月号だから女の人が獅子舞《ししまい》の格好してるんだ。それでおっぱい出してるんだよ。もうどうしていいのかわか

伊集院　らないヌードで、でもそれしかないから「えーい！」と一気に（笑）。まずその獅子舞を頭の中で動かす訓練からしますよね。**念動力で**（笑）。

――その前に、なんでまだ持ってるんですか（笑）。

みうら　そんなもので訓練してたから、無人島に行っても平気だね。木の割れ目とかでも想像力を膨らませられる自信があるんだ。〝エロバトルロワイアル〟って島があったら勝ち残るね（笑）。

伊集院　それは先にヌイた奴から帰れる島ですよね？（笑）

みうら　そうそう。こっちは早いよ（笑）。

伊集院　藤原竜也が参加してたら向こうは困ると思うよ、モテ慣れてるから、現物以外じゃ勃《た》たないでしょ。オレたちは**変わった木**とかでできますもんね（笑）。それ、面白いなあ、モテ組はバンバン撃ち殺されてるのに、オレたちが平気な顔してるの。

オナニーは修行だった！

みうら　以前、男の喘《あえ》ぎ声カセットテープって売ってないなと思って、自分で作ったことあるんだ。

伊集院 なんですかいきなり（笑）。

みうら そういうのが欲しい女だっているかもと思って、希望者を雑誌で募集したんだけど1通もこなかったね。

―― **あたりまえですよ！**

みうら そんなに男の喘ぎ声はダメなのかな。

伊集院 女の喘ぎ声はあんなに人気あるのに。

みうら その昔、**「男は声を出したら負けだ」って童貞辞典に書いてあった**でしょう。だから喪失してからも、ずいぶん声出すの我慢してたよ。でも「声出していいんじゃん、声出しても女に笑われないじゃん」ってわかったのは、やっぱりだいぶ経ってからなんだよね。

伊集院 僕は中学のときに「**オナニー新聞**」っていうガリ版刷りの新聞を発行してたんですよ。どういうふうにしたら気持ちよかったかを記事にして、5人くらいに配って。最初はみんな笑ってくれたんだけど、第5号くらいで「もういらない」って（笑）。

みうら 男のオナニーはそれだけ人気がないってことなんだよ（笑）。

伊集院　人気ないですよねえ。でもそのとき「ああ、オナニーの話って、みんな聞きたくないいんだなあ」と思いました。悪いことしてるというか、イヤな行為だという気持ちがあるんですよね。ショックでしたよ、編集長としては。

みうら　「センズリ」って言うでしょう。だから僕の友達は童貞辞典によって「千回すらないとダメだ」って信じ込んじゃって、「1！　2！　3！　4！」って数えながらやってたんだ（笑）。

伊集院　いまでも万歩計にピカチュウがついてるような可愛いやつで、それ計ってる奴がきっといますよね。

みうら　「長く持続したら女が喜ぶ」というのも書いてあったからね。だから修行でもあったんだよね。あのころはオナニーってセックスと別のものじゃなくて、セックスするための修行だと信じてたから。

伊集院　童貞力が高いときって、**「エッチできる環境にあれば、オナニーするわけがない」**って思ってますよね。

みうら　もちろん。「結婚してる人はオナニーしない」って伝説でしょう。実際は結婚すればするほどオナニーするのにねえ。でもどちらにせよ、童貞のころに**一升瓶で修行**したこととか、何の役にも立ってないよね（笑）。

伊集院 僕は風呂《ふろ》場でわざわざ**冷やす桶とあっためる桶《おけ》の2つ用意**して、かなり金玉冷やしたり温めたりしましたけど、まるっきり役に立ってないです（笑）。

みうら 『少林寺』のリー・リンチェイみたいな状態だ（笑）。そういうアソコを鍛えるのって、童貞はどうしてやっちゃうんだろう。本当はでかくないことじゃなくて、すぐ出ちゃうことのほうが問題なのに。

伊集院 そこにも極端な考えがありますよね。「大きければ女の人に喜ばれる」って考えてる自分と、「どうやらそうじゃないらしい」っていうのと。この振り子が途中でうまく止まらない。アッという間に「女は意外に童貞好きらしいよ」なんていう話にまでなってしまいますから（笑）。

みうら 「童貞狩りが流行《はや》ってるらしいぞ」とかね（笑）。痴女は絶対にいると思って、ワクワクして電車乗ったりしてたよ。

伊集院 それも「電車に乗ったら痴女に会うんじゃないか」っていうワクワクと、「本当に現れたらどうしよう」って不安と、必ず両方考える。その真ん中の「現れねえよ！」ってことに気がつかなかった。

みうら まれに、そういう女の人による「筆下ろし」みたいな伝説を聞くでしょう。でもそんなのほんの一例だよね。「およげ！たいやきくん」の歌い手が印税

伊集院　契約じゃなかった、くらいのほんの一例（笑）。他のレコードはほとんど印税だよってことですよね。でも、その**極端なのが童貞のいいところ**だと思うんですよ。たまに片方を消しちゃってる奴がいるでしょう。ものすごく妄想のほうだけ膨らんで性犯罪に走る奴とか、悪い事態ばっかり考えてものすごく卑屈になってる奴とか……。それじゃマズイんであって、振れ幅の両方あるのが、正しい童貞なんですよ。

みうら　振れ幅はホントに大きいけどね。

伊集院　そうです。たとえば、**風俗に行くと必ずヤクザが出てきてぼったくられると思い込んでる**一方で、通販の広告にあるみたいな「お札風呂に女と入る」という欲望もあるんですよ（笑）。リアルが抜け落ちてて、すごくいい感じとすごい悪い感じが「童貞地図」の中にいっぱいちりばめられてる。

みうら　女とお風呂ね。いわゆる「モテモテ」ってやつだ。

伊集院　もう「モテる」じゃなくて「モテモテ」。そういうモテモテになりたい気持ちと、オレは一生童貞なんじゃないかって不安がる気持ちを、両方同じ箱にしまっておけるのは童貞ならではですから、あれは大事にしてほしいですね。

みうら　あと童貞は、**「初体験のとき女の人に笑われる」と思い込んでる**ってのもあるよね。

伊集院　ありますあります。あとやっぱり正反対で、**童貞だと女の人にすごく可愛がられる**と思ってる。

みうら　でも、終わった後に「あはは」って笑ってる女の人なんて、一度も見たことないし、すごく可愛がられたという話も聞かない。

伊集院　その真ん中にある「普通」をまったく想像しなかったな。

みうら　「童貞は本来ニュートラル」なはずなのに、実際には全然違うんだ（笑）。

伊集院　**ジーパン脱ごうとしただけでこすれて出ちゃうか、童貞食いみたいな女の人にあたるか**、そのどっちかしか考えてない。真ん中の普通はなぜないんだろう？

みうら　ないよ。童貞のときの初体験イメージは、終わった瞬間に女の人が「うわっはっはっは」だったもの。巨大化した女が雲の位置から笑うシーン（笑）。でもそういう思い込みを、一人で対話して考えてるのがいいんだよね、童貞は。

伊集院　自問自答して悩み抜いて出した答が間違ってるんじゃないかとまた自問自答

して。

みうら　自分と語り合える奴こそ真の童貞だね。

伊集院　一人『しゃべり場』。真剣にやってますよ、「でもやりてーもん！」「そんなうまい話はないと思います」って（笑）。これはもう落語だと思うんですよ。童貞の脳内では、妙に知識があるご隠居とものすごくやりたい熊さんが問答しているんです。

「決めた！　オレはやる。やることに決めたよ」

「いきなり言ったってやる相手もいねえだろう。隠居のとこでも行って話聞いてこい」

「おい隠居隠居、やらせろ！」

「おいおい、私とやってどうするんだ。いったいどうしたんだい」

「隠居、童貞捨ててぇんだよ」

「そんなに早く捨ててどうするんだい」

「いっそのことレイプしようと思うんだけど」

「まあまあ考えなさい。レイプをするとして、その後どうなるかよく考えてみなさい……」

「その女がオレに惚《ほ》れたりするのかい？」

「それはない。そうではなくて、法律によってだな……」

「難しい漢字読めねえんだよ。とにかくいまやりてえんだよ！」

……っていう「性欲長屋」。

みうら　ああ、童貞と落語は似てるわ（笑）。

伊集院　中間キャラがないのが似てるんですよ。ものすごくやりたい奴とものすごく達観した奴だけで語ってるのが。性欲だけの自分と倫理感だけの自分で話が進んでいくんです。

開催!!　童貞映画ナイト!!

伊集院　新文芸坐で「童貞ナイト」やるとしたらどうプログラム組みます？（笑）

みうら　いいねえ、その〝ナイト〟（笑）。

伊集院　いったい何の特集上映かわからないでみんな集まってくるんだけど、実は「童貞ナイト」だったって後でわかるようなやつ。オレはやっぱりジェイソン入れてほしいなあ。ブルース・リーだと何ですか？

みうら　『危機一発』あたりかなあ。あれは確実にやってないからね。

伊集院　**あと童貞にとっての絵に描いたモチみ**

program

17：30〜
トークショー
「みうらじゅん×伊集院光」

18：00〜
『13日の金曜日』

スプラッタ映画の元祖にして金字塔的シリーズ。58年にニュージャージーで実際に起きた惨劇をもとにしている。かつて若い男女が惨殺されて以来、誰も近寄ろうとしなかったクリスタルレイクで、十数年ぶりに夏のキャンプが再開される。しかし、13日の金曜日にやって来た若者たいな恋愛ものも一本入れたいですね。
オレにとっての『ラ・ブーム』みたいな（笑）。

みうら ああそれはもう確実に入れるでしょ。

伊集院 そういうの入れて、〝何ナイト〟かちょっと濁したいような気がしますよね。まず最初にジェイソンで、次がいきなり『ラ・ブーム』（笑）。

みうら 「あれ？」って思わせたところでもう一本『禁じられた遊び』いこうか（笑）。あの2人はもちろん絶対にやってないからね。

伊集院 あれ、なんかいい映画が続いてるぞと思ったら『ドラゴン危機一発』（笑）。

みうら これは通常の〝オタク映画ナイト〟じゃないからね。

伊集院 帰り道が困りますよねえ。自分はブ

たちは、次々と残虐に殺されていく……。80年製作。監督：ショーン・S・カニンガム。大ヒットし、01年の『ジェイソンX』まで全10作が作られた。

19：45〜
『ラ・ブーム』
ソフィー・マルソーのデビュー作であり、日本でもその可憐さが話題となったヒット作。13歳のビックはブーム（＝パーティー）で知り合った少年に恋をする。しかし、離婚の危機を迎えていたビックの両親はお互いに浮気をしていて……。ディスコで男の子がビックにヘッドフォンをかけ、流れる主題歌「愛のファンタジー」に合わせて2人だけでチークを踊るシーンが有名。監督：クロード・ピノトー。80年製作。82年には続編『ラ・ブーム2』が作られた。

21：50〜
『禁じられた遊び』

ルース・リーになりながら、ジェイソンがやってることをソフィー・マルソーにやる、って頭の中の編集が大変ですよ。本当のエロ映画1本くらい入れます？

みうら　その後に馬小屋で女が馬とやってるような洋ピン入れて、**童貞をぎゃふんといわせたい**のもあるけど（笑）、ギャグポルノにしようか。山本晋也監督の『愛染恭子の未亡人下宿』とか。

伊集院　ポルノをすごい期待してたのにギャグポルノ。あれ、始まりが愛染恭子が掃除機でオナニーしてるんですもん（笑）。

みうら　あ、『潮騒』とか『伊豆の踊子』みたいなのもいいんじゃない？　百恵ちゃんの。あれも童貞文学でしょ。

ナルシソ・イエペスのギターのメロディーがあまりにも有名な作品。40年6月、パリから逃げる途中でナチスの機銃掃射で両親を失った5歳の少女・ポーレットは、農家の少年・ミシェルと出会い彼の家に連れていってもらう。ポーレットの死んだ子犬の墓を作った2人は、それから次々とお墓造りをしていく……。52年製作。監督：ルネ・クレマン。アカデミー特別賞、ヴェネチア映画祭金獅子賞を受賞した名作。

23：30〜
『ドラゴン危機一発』
ブルース・リーの記念すべき主演第1作。田舎の農村に暮らしていたチェン・チャオワン。洪水のために農作物に被害を受け、町の製氷工場で働き出すが、工場の経営に麻薬犯罪がからんでいることを知り一味に戦いを挑んでいく……。71年製作。監督：ロー・ウェイ。日本では74年

伊集院　ああいうアイドル映画のいいところは、本当は山口百恵が観たいだけなのに、「文学作品」がかぶってるのが童貞くさいとこですよね。「おれは『映画』を観に行くんだ」って。いいですね、百恵ちゃん一本入れましょうよ。

みうら　『潮騒』と『伊豆の踊子』どっちがいいかなあ。やっぱり「裸のまま飛んでこい！」がある『潮騒』かな。

伊集院　母親に「何の映画を観に行くの？」って聞かれても「川端作品」とか「三島作品」って言えるのは強いですよ。最後に何かこれぞというので締めたいですね。すごくわかりやすいの。

みうら　やっぱ『童貞物語』とか『グローイング・アップ』みたいな。

伊集院　そういうそのまんまのものですよね。

に公開され、そのときのコピーは「すさまじい迫力をまき上げてせまる鋼鉄の男！　その魅力のすべてがついにやって来た！」。

01：20～
『愛染恭子の未亡人下宿』
『白日夢』のハードコアで話題だった愛染恭子主演、テレビの『トゥナイト2』でもおなじみだった山本晋也監督によるポルノコメディー。84年製作。立川談志、タモリ、所ジョージも出演している。

02：55～
『潮騒』
原作は三島由紀夫の青春小説。伊勢湾の歌島を舞台に、漁師の若者とアワビ取りの娘の恋が描かれる。ずぶ濡れになった2人が、山小屋で裸になってたき火越しに向き合うシーンが有名。山口百恵の相手役は現在の夫である三浦友和。百恵＝友和コン

みうら　『ポーキーズ』でいいか。

伊集院　それだ、もうそれしかないですよ（笑）。これ全部観て最後に「何が面白かった?」って聞いたら、みんな声を合わせて「『ポーキーズ』!」って言ってほしいですよね（笑）。

みうら　いい流れできたねえ（笑）。それでオレたちが幕前でトークショーやれば、ほぼ企画は成功だね。

伊集院　でも「カップルシート：7万5000円」（笑）。

みうら　「童貞：200円」（笑）。もうチケット売場で顔見られただけで「はい、200円です」って（笑）。

ビは70年代の邦画界をも席捲していた。75年製作。監督：西河克己。これまで5度映画化されており、歴代のヒロインは青山京子、吉永小百合、小野里みどり、山口百恵、堀ちえみ。

04：50〜
『ポーキーズ』

イスラエル映画『グローイング・アップ』の大ヒットを受けて、アメリカで製作された青春（童貞）コメディー。50年代の南フロリダ、寝てもさめてもセックスのことばかり考えてるピーウィーたちバスケ部の6人は、日頃から学校でも女子のシャワー室を覗いたりなんてことばかり。ある日彼らは、この町一番のワルで有名なポーキーが経営する船上の売春宿〝ポーキーズ〟への潜入を試みるが……。81年製作。監督：ボブ・クラーク。

06：25　**終映予定**

4

オナニーに「童貞力」は欠かせない！

童貞パワー全開!!

伊集院　僕は、**エロカセット**がすごい好きだったんですよ。
みうら　ああ、僕も大好きだった。
――　それって、**喘《あえ》ぎ声だけが入ってるテープ**なんですか？
伊集院　そう。いまはエロビデオがあるからあんなもの屁《へ》でもないと思うんですけどね。
みうら　僕らは「音だけ」でヌイてたもんね。
伊集院　あれって、下手なラジオドラマみたいなのがいっぱいあったじゃないですか。でも、中学のころに持ってたテープの中でひとつだけ、ベッドのギシギシって音が大きすぎて、肝心の声がよく聞こえないのがあったんですよ。おそらく、ベッドの下にテープレコーダー置いて録《と》ったんでしょうね。そこに雑音で、「こまごめ～こまごめ～」って駅のアナウンスが入ってるんです（笑）。
みうら　駅の近くでやってたんだ（笑）。
伊集院　僕の家の最寄りの駅は田端《たばた》という駒込《こまごめ》の隣の駅だったんです。だからもう、頭の中すっごいことになっちゃって、夜中にいてもたってもいられなくて**自転車で駒込まで行きました**（笑）。

みうら　童貞力だね。

伊集院　そうです。引きこもりがちなデブがなぜ、夜中に全速力で駒込まで行って、ぐるぐる駅の周り走って、「位置関係的にこのアパートということにしよう」って決めて家に帰ってくるのか。あの自転車をこいだ力は運動能力や体力ではないでしょう。もう童貞力としか言えないですね。

みうら　友達にエロ本もらった日に全速力で家に帰るときなんか、もうオリンピック出られるくらい速かったね。もうあのパワーはなくしてるね。いま**本買って家に全速力で帰る**なんてことないでしょう。

伊集院　ないですよ、もう。

みうら　僕が全速力を最後に出したのは、上京して1年目、アパートで童貞を捨てるときだった。その女の人に「ゴムがないとイヤだ」って言われて、でもそんなもの持ってないし、当時はコンビニがなくて、薬屋の前に自販機があるのは知ってたけどそれは歩いても5分はかかるところで。しかもその夜は雪の日でさ。そんな中を全速力で買いに行って、全速力で戻って。たぶん瞬間移

伊集院　動だと思われたね、あれは。
みうら　童貞ならではのパワーですよね。
ぜーぜー言ってるとかっこ悪いから、階段のとこで息を整えて（笑）。あれが人生最後の全速力だったね。

遺跡としてのエロ本

伊集院　童貞力があると、普通だったら絶対にやらないことも平気でできますよね。中学1年のころ、僕は荒川の土手で野球をやってたんですよ。デブだし練習はけっこうつらいんですけど、野球が終わって土手を探すと、**エロ本**が落ちてるんですよ。あれが楽しみで苦しい野球の練習も休まなかった。打力や精神力じゃなく、童貞力で少年野球をやってた。
みうら　そうそう、あのころ土手にガビガビになって遺跡みたいになったエロ本がいっぱいあったなあ。中を見たい！　でも変にめくると崩れちゃうでしょう。
伊集院　雲母《うんも》がパリパリ取れるみたいになるよね。
みうら　たまに裏本を発見して「これ間違いなく見えてるよ！」ってことになって、

みうら　慌てて開いたらバラバラになっちゃって、残り半分しかなくなっちゃったんですよ。でも、やっぱりあれをめくるのがうまい奴がいるんですよ。アイスの棒をすーっと入れて、ゆっくり開いて「ほら」って（笑）。そしたら、ちょうどそこが丸々見えてるところで！

伊集院　「やった〜！」だね。

みうら　「やった〜！　でもみんな動くな、崩れるぞ！」って、すごい真剣。みんなユニフォーム着てる野球少年なんですけどね（笑）。

当時のおっさんたちは、**いろんなところに捏造《ねつぞう》して遺跡を作っておいてくれたんだね。**エロ本なんて、もうあんまり落ちてないでしょう。

伊集院　逆に、いまは平気でエロビデオ落ちてたりするし、ネットでもDVDでもなんでもあるしね。あのドキドキはないだろうなあ。

みうら　大学3年のときに講談社の漫画賞取って賞金をもらったんだけど、それに自分のお金を足して当時まだ高かったビデオを買ったんだ。そうしたら「あいつがビデオ持ってる」って大学中に広まって、みんな「部屋貸してくれ」って来るの。「おまえが風呂《ふろ》行くあいだだけでいいから」って、みんな『愛染

伊集院　恭子の本番生撮り』っていつも同じビデオ観てるだけなんだけど（笑）。僕の場合は、中1のとき友達が「オヤジがブルーフィルム持ってる」と。それでそのオヤジがいない日に彼の家で上映会をしようってことになったんです。でも8ミリの映写機の使い方なんかわからないから、わざわざ図書館で本借りて、みんなで勉強して……。

みうら　失敗すると燃えちゃうからね、あれ。

伊集院　肝心のフィルムは10分もない、和服の人が脱ぐだけのものなんですよ。でも、それ観るために映写機の使い方覚えちゃったっていうのが、われながらすごいなあと思いますね。

みうら　それも童貞力、だね。

伊集院　まあ世代的にもいいタイミングだったなあって思うんですよ。落ちてるエロ本から始まって、エロ本買えるようになって、エロ小説、エロマンガとわりと順番にあって、それでエロビデオで「動いてるよ、これ！」と。最初から丸見えで動いてるのを経験しちゃうとどうなんだろう。風俗のお姉さんに聞くと、やっぱりいまどきの童貞は「顔射したい」とか最初から言うらしいんですよ。

みうら　いきなりそれじゃあ面白くないと思うけどね。

家庭内での童貞

伊集院　ラブドールっていうのも買えないから、想像ではとんでもないことになってましたよね。「すげえんだろうなあ。でも**買ったら人としての道を一本踏み外すんだろうなあ**」って。

みうら　思ってた思ってた。

伊集院　でも、高1のときそれ作ってる工場の息子がいて、そいつが麻雀《マージャン》で負けたカタに、みんなに1体ずつくれたんですよ。

みうら　心温まる話だ（笑）。

伊集院　ただ、家に持って帰っても置いておく場所がなくてすごく困って。童貞って必ず「今日からオレはキレイになる！」って決意して、エロ本とか全部捨てたりするときがあるでしょう。そういう日に捨てちゃったんですよ。細かく切って。

みうら　あれは、乗ってるときオカンに見つかったら最悪だもんね。友達が高校のとき、部屋にオカンが入ってきそうになって、必死で破って空気抜いてた。そしたら次に見たときには、ガムテープが貼ってあった。

伊集院　よっぽど急いでたたまなきゃならなかったんだろうな（笑）。

みうら　僕は一昨年《おととし》、20万のを買ったんだ。**ひとみちゃん。**

伊集院　お、どうですか、20万は？

みうら　すごくいいんだ。汚れたり壊れたりして、バックができないのが残念なんだけどね。でも、ひとみちゃんもいつかは捨てなきゃならない時がくるだろう。いまは粗大ゴミも電話しないと取りに来てくれないから、そうなるとバラさなきゃならないでしょう。首から飛ばしてバラバラにしていかないとダメだから。

——そのときお電話いただければ……いえ、なんでもないです。

みうら　でもやっぱり空気入れる方式のって、童貞期は盛り上がるけどいまはがっかりするでしょう。

伊集院　ああ、もうダメですよね。

みうら　童貞は何人かでお金出し合って買うんだろうね。それで回すよね。輪姦《りんかん》ってやつでしょ。そのとき、なんかせつない気持ちになったりするんだろうね。

オナニーが見つかるとき

伊集院　**童貞のときほど、手淫《しゅいん》前後の気持ちの落差が大きいときはない**ですもんね。終わった後に空気抜いてたたんで……みたいな作業があるとね。

みうら　手淫の後の落ち込み具合って、童貞のときはすごいでしょ。**人生とか考えちゃう**のってそういうときだからね。

伊集院　いちばん人生考えたのはあのときでしょう。「オレはこのままじゃダメになる」って思ったりして。いま仕事とかで落ち込むのの何十倍も落ち込みますよ、特に受験期の手淫なんて。なんであんなに自分を責めてたんだろう？

みうら　若いころに野坂昭如とか読むと「エロでもいいんだ」ってほっとするんだけど、五木寛之とか読むとすっごい落ち込むんだよね。

――　**野坂昭如って『朝まで生テレビ！』のイメージしかないですけど、昔はそうだったんですか。**

伊集院　『エロ事師たち』とかね。でも普通の大人はそんな話してくれなかったからね。

みうら ……いまオカンにオナニー見つかるのと、あのころ見つかるのは、どっちが衝撃が強いんだろう？

伊集院 こういう三択はどうですか。**「あのころオフクロに見つかる」「いまカミさんに見つかる」「いまオフクロに見つかる」**（笑）。

みうら どれがきついんだろう？ オレはあのころよく見つかってたんだ。その日の晩はもうメシがまずくて（笑）。また、オカンがオヤジに告げ口するんだ。オヤジは「たいがいにしろ」って一言だけでさ。

伊集院 いま考えると、オフクロはどうしていいかわからないからオヤジに言うんでしょうね。**僕はオフクロにエロ本見つかったとき、家出してます**（笑）。家帰って自分の部屋に入ったら、エロ本が僕の机の上に置いてあるっていう最悪のパターンで。しかも、ＳＭもののところに「不健全」って書いた紙が置いてあったりして。

みうら **「分別エロ」**ってやつだね（笑）。

伊集院 それだけで2週間くらい家に帰らないで友達の家にいましたから。そのくらいショックだったんですよ。最後は逆ギレして「どうせオレのこと、ダメな奴だと思ってんだろ！」とか荒れ狂って……。「家族のあいだにもプライバシー」云々《うんぬん》にすり替えたものの、我に返ればエロ本見つかった話ですから、なんだかいたたまれなくなっちゃって。

みうら　そこで男の先輩として、オヤジにいいアドバイスしてほしかったよね。「オレもたまにはやるがな」とか言ってくれればこっちも気が楽なのに、そういうときって大人のフリして女の味方なんだ。

伊集院　ウチのオヤジはとにかく真面目な人だったんで、言い方も堅いんですよ。「思春期という年代でこういったものに興味を持つのもよくわかる」みたいな言い方なんです。それはそれで、こっちはいたたまれない……。

――　**父親って、いざとなるとそうなのかもしれませんね。**

伊集院　でももっと最悪なことに、オレはその後、高校生のとき親戚《しんせき》の伯母《おば》さんに見つかってるんです。しかも伯母さんの家で。留守番してくれって頼まれたんですよ。その家は金持ちでマッサージ椅子が置いてあったんですが、それを見ているうちに、「**はて、あれに股間《こかん》を押しつけたらいかがなものか**」っておハガキが、頭の中にきまして（笑）。僕は一応「実験くん」ってことでやってみていたんです。そうしたら伯母さんが予定よりも早く帰ってきちゃって。

みうら 押しつけてるときに？

伊集院 まさにそのときです！ しかもああいうのは肩の位置が震動するじゃないですか。だから椅子の上に跨《また》ぐようなとんでもない格好になって、「強く当てると痛い、このへんかな」とか腰を調整してる瞬間にガチャッと扉が開いて、「あ！」ですよ。その伯母ちゃんがまたいろんなところでフランクに喋《しゃべ》るんですよ。**その年以来、20年近くオレ正月の集まりに行ってないです**（笑）。

みうら 僕は35歳ぐらいのとき、新潮社にカンヅメになったことがあるんだ。小説書けって言われて、2週間そこの宿舎で夜は外出できないようにされちゃって。やることないからオナニーするしかないでしょう。

――あの、他にいろいろあると思いますけど。

みうら それで管理人のおばさんが「みうらさん、お風呂《ふろ》」ってドアばーんと開けたら、その目の前でオレが思いっきりやってて。

伊集院 それはある意味オフィシャルな場所じゃないですか（笑）。

みうら もう隠すヒマもなくて、ちんぽ握ったまま「はい」って返事して。おかげで、

伊集院　小説1ページも書けなかった（笑）。

いくつになってもオナニーに罪悪感を感じるのはどうしてなんでしょうね。童貞のころには、『Myojo』みたいな雑誌の性の相談室みたいなコーナーで、「手淫がやめられません。どうしたらいいでしょう？」って相談があったとすると、「どうして悪いことだと思うのかな。あれはみんなやってるし、スポーツみたいなものだよ」って答が必ず載ってたんですけど。

いまでも同じようなアドバイスが載ってると思います。

伊集院　だとしたら、なぜ**オリンピックの競技にならないんだろう**（笑）。

みうら　あれは万国共通の競技だもんね（笑）。

伊集院　芸術点とかあるんですよ。「おっと、母親の女学生時代の写真でのチャレンジです」とか、とんでもない難易度の高い技を披露する奴とか出てくるでしょう（笑）。そういう、童貞が認められるような競技も作ればいいのに。

みうら　でも「みんなやってるから大丈夫」って言われたって、やっぱり疑うんだよね。だってオカンが怒ってるじゃんって。この「怒られる」っていうのはでかいよ。

伊集院　万引で捕まるのと手淫が見つかるのはどっちがいいかっていったら、全然万

みうら 引のほうがいいですもん。
そっちのほうが「ワル」だしね。

伊集院 じゃあ、オナニー見つかる奴を「ワル」って呼ぶことにすればいいんじゃない？「ワルだなあ、アイツ、5回も捕まったらしいぞ」とか言われるんならかっこいいよね。でも、それって現行犯じゃないと効力ないのかな。

みうら そうでもないでしょう。メシどきにオカンが「誰かさんがティッシュばっかり使ってるから、今日特売で買ってきたのよね」とか言うんじゃないですか。あれはかなり追いつめられた感じしますよね（笑）。現行犯じゃないけど物的証拠を押さえられたような。もう自白するしかない。

伊集院 僕は昔、オナニーするときって全裸じゃないとダメだから現行犯が多かったんだ。

みうら みうらさん全裸主義なんですか。オレ、横チン主義なんですよ。

伊集院 横チン主義って、その後の性生活に影響を及ぼさない？ ちょっと圧迫されてる感じが好きとか。

でも、全裸のほうもイベントとして開催するって感じでしたから。**大運動会みたいな感じ**ですかね。

みうら　僕はトイレ行くときも大のときは全裸じゃないとダメだったから。でも、たまたま平泳ぎができなくて、海水パンツをはいてベッドの上で泳ぎの練習してたら、それを見たオカンにえらく怒られたことがあるんだ。それだけは冤《えん》罪《ざい》なんだ。

伊集院　前科者だから信じてもらえないってやつですね（笑）。

5
童貞にも良し悪しがある！

童貞臭は消せない

みうら 童貞のときって「オレは童貞じゃないぞ」って顔するじゃない？　自分が童貞であることを隠したがるけど、何も悪いことしてないのに、おかしいよね。

伊集院 その隠し方が無様であればあるほど、愛着が湧きますけどね。童貞が2人、お互いに相手は童貞なんだろうと思いながらも童貞じゃないフリして会話をしている状況ってありますよね。あれはいいキャッチボールしてるなあって思うんです。

みうら 大学入ったり、就職したときって、童貞じゃないフリするいいチャンスなんだよ。

伊集院 周りの人間が入れ替わる時期はそうですね。

みうら **大学入った瞬間にそれまでの童貞臭消そうとしたりして。**ほとんどもう戸籍詐称だよね。

伊集院 そういう場合に、エロな話にすぐ食いつくと嘘がバレるから、話が下ネタに行っても、興味なさそうに「オレ、もう女はいいんだよ」というふうに持っていきますよね。「モテてたんだ」を連発しても絶対にバレるし。「痛い目にあってるんだよね」って、さり気なく過去を匂わせたりして……。20歳やそこいらで痛い目も何もないんですけどね。

みうら　そこまで頑張っても、騙《だま》せるのは童貞だけなのにね（笑）。

伊集院　そして、自分だけがどんどん縛られていく。童貞じゃないって一度嘘ついちゃうと、みんなで風俗行こうぜ!!ってノリにものれなくなっちゃう。本当は「ぼったくられるんじゃないか？」とか「お姉さんに馬鹿にされるんじゃないか？」とか思ってても口に出せない。ヤリチンってことになってるから。「オレ、そういうの金出してまで行くのって、違うと思うんだよね」とか言っちゃって。

みうら　僕も風俗バリバリで行ってたことになってたから、本当に連れていかれたらどうしようってドキドキしてた。風俗って100万円くらいすると思ってたんだよ。

伊集院　「3万？　それは入浴料だけだろ」とか、そういう妙に細かい知識だけは入れてるんですよ。

みうら　童貞の男にはバレないんだけど、なんでそれ以外の人にはすぐバレちゃうん

伊集院　だろう？　僕、童貞捨てたときの彼女にも見栄《みえ》はってたんだけどいま考えると言ってるそばからバレてたと思うんだよね。**わざわざ「僕、童貞じゃないよ」って言うのって、童貞以外の何者でもない！**　浮気がバレるとき過度に親切なのと一緒ですかね？　「大阪行った」と言えばいいのに、「昨日ひかり何号に乗ってさ」とか、過剰に説明する奴とか（笑）。

みうら　でも、童貞って悪いことでもなんでもないよね。なのに言い訳してるのがおかしいんだよなあ。

伊集院　**童貞にありがちな先回り**なんでしょうね。女に「オレがやろうって言わないと童貞だと思われるから、とりあえずいまは『オレたちはまだ大事な時期だから』とか言っておこう」とか、素直に「やりたい」って言えなくなっちゃってるんですよ。

みうら　だって、ムリもないよね。女の人にちんちんを見せるのが恥ずかしいんだから。ラブホテルの鏡張りの部屋っていうのも体育会系のものだよね。

伊集院　絶対にそうです。

みうら　でも、目隠しプレイってあるでしょう。あれは文科系のものだと思うんだ。

伊集院　よく「目隠しをすることによって女の人のイマジネーションを……」とか言うけど、本当の理由は男の側の「自分の貧弱な体を見られたくない」でしょう。

みうら　ですよね。そのうえに「早いんじゃないか」「やり方間違ってるんじゃないか」がありますからね。

伊集院　あと「童貞は喪失してるけど、最近2年くらいやってないな」っていうのも嘘だよね。これもすぐバレる。

みうら　そんなふうに言っていると、その後本当にやったとき、いまさら「童貞だった」とは言えないわけでしょう？　その気持ちよさとか大人になった気分の感動を誰にも伝えられないっていうのは、なんだか不憫《ふびん》ですよね。

伊集院　別に悪いこととしたわけじゃないのにね。

よい童貞・悪い童貞

みうら　僕が好きなのは、童貞なのに**サイフの中にコンドーム入れてる奴**。

伊集院　海外旅行や地方に行くときにコンドーム持っていくっていうのが、童貞とし

伊集院　ていいあり方だね。**童貞ってゴムつけることをすごく気にする**よね。

みうら　すごいフェミニストなんですよ。女にモテないこととフェミニストであることをうまく混ぜてるから。「打算的なセックスをするくらいなら、オレはしない」とか。

伊集院　「遊びで彼女を傷つけたくない。だからしないんだ」みたいなね。「しない」じゃなくて「できない」だろう！　っていうのが本当なのに（笑）。

みうら　でも、そういう考えだから「中出し」なんてもってのほかだと思ってるでしょう？

伊集院　女性を冒瀆《ぼうとく》してるように思い込んでるんですよ。でも**コンドームをつけて手淫《しゅいん》する**のも、いい童貞ぶりですよね。

みうら　エロ映画観に行くときにあらかじめつけておくとかね。

伊集院　それもいい童貞ですねえ。

――**童貞にいいも悪いもないんじゃないですか？**

みうら　あるよ。「**やさぐれ童貞**」とかイヤだからね。

伊集院　イヤですね。あと童貞こじらせた「**思想童貞**」とか。

みうら　モテないことに理屈つけちゃうタイプだね。モテないことに開き直ったり、モテないことに「どこが悪いんだ！」と凄《すご》んでみたり、なんか**アナーキーなDT**な感じになっちゃってるんだ。

伊集院　穴開けてないのにアナーキーね（笑）。

みうら　いまの活字にしたら全然面白くないけどね（笑）。

伊集院　どういう童貞、DTがいいのか、ちゃんと整理して考えたほうがいいですね。

みうら　「よい童貞・悪い童貞・普通の童貞」だね。悪い童貞はやっぱり、モテないことに別の理由をつけて、そんなことを考えるのは無駄だっていう理屈になっちゃってる人だね。

伊集院　「とはいえモテたい」がない奴は、やっぱり味がないですよね。やっぱり童貞でも「やりたい」がないと。「30歳で童貞捨てました」って奴がちょっといいなって思うのは、一生童貞で終わってない、逆に言えば30歳でチャンスあったんだ、いつも「やれるんだったらやりたい」って思い続けてたんだ、ってとこなんですよね。

みうら　ずっと刀を抜かなかった侍だからね。いざさっと引き抜いたときに錆《さ》びてるかもしれないけど、そこが面白いよね。

伊集院　七浪して今年から大学生、という奴がいるんですけど、普通は七浪っていうのは「一生大学に行かない」って意味じゃないですか。でもそいつは7年ちゃんと予備校にいたらしいんですよ。

みうら　ああ、それはえらいね。

伊集院　でしょう。それで8年目にちゃんと大学受かってるっていうのがえらいと思うんです。そいつのことはなんか信用したくなるじゃないですか。遅く童貞捨てた奴に対しても、そういう信用みたいなのを持ってるんです。

――**童貞だと大人として認めてもらえない、ということではなく？**

伊集院　逆でしょう。あと、これだけ童貞を持ち上げときながらなんですけど、童貞で恥ずかしいって思う気持ちも忘れてほしくないですね。

みうら　日本人の美徳のひとつの「照れ」ってやつだよね。

伊集院　これは、DTも同じ。男同士で飲みに行ったときに、**童貞長かったくせに、前に熱帯魚の水槽があるような店を選ぶ奴はやばい**ですよね。

みうら　オシャレとか、苦手だね。僕もダイニングバーとか行けない。

伊集院　エッチに限らず、自分を冷静に見られる力とか、気恥ずかしい気持ちとか、そういうのって童貞のときに蓄えたものだと思うんですよね。「オレはいまこうしたけど、もしかしたらかっこ悪いかも」って考え方って、童貞のものじゃないですか。

――**童貞の匂いを残しているのがいいDTで、そのほうが謙虚だし、物の見方も冷静だ、と。**

伊集院　だけど、そういう童貞の匂いって、ないほうが金になったりはするのかなあって思うことはありますけどね。秋元康の恋愛の本とか、読む前から「**おまえ、本当はモテなかっただろう**」って思うけど、そういう童貞臭を消してあるから売れるわけじゃないですか。

みうら　「童貞マーケット」には「上限」があるからね。

伊集院　確かに童貞臭消したほうが売れるんでしょうけど、童貞マーケットの購買層、いわゆるD－1層は、「なにモテ男気取ってんだよ」って見抜いていますから、「イケてるマーケット」「オシャレマーケット」に打って出るときは失敗は許されないでしょうね。うまくいけば、オレたちに笑われようがなんでもないでしょうが、こっちに戻ってくるわけにもいかないし、そういう意味でも**童貞マーケットを捨てて失敗すると、もうそこには何もない**ですよね。下には童貞すらいないぞ、と。カルトでもマイナーでもなんでもいいけど。

みうら そういうカルトなところでは、僕はけっこういいポジションだよ。だって周りはDTばっかりだもの。

伊集院 そういう連中は、みうらさんに女とどう接すればいいか聞くでしょう？

みうら そこだけではけっこう先輩な感じ出てるんだよ。

―― そこだけだったたんですか……。

伊集院 僕もその童貞の放送作家にだけは聞かれますもん。

みうら それって、逆に情けない感じあるよね（笑）。

伊集院 童貞に女の口説き方を聞かれて、オレが答えてるときに、横にモテ系のディレクターなんかに座られた日には……って感じですよ（笑）。

みうら 「童貞のお山の大将」だからね。でもあの童貞の中の先輩って感じはおかしいよね。

伊集院 僕もこないだADたちに「どうすればADが女子アナと結婚できるか論」なんて話してました（笑）。

僕がやってるラジオの後番組が近藤サトさんの番組なんですよ。そうしたらウチの番組のADたちが、「僕らのような金もなくてぱっとしない男が、どうしたら近藤サトさんのような人とできるだろう？」って熱心に語ってるわけですよ。僕もその話に乗って、「まずオレの番組に近藤サトさんをゲストに呼んで、ラジオ論みたいなのを照れもせず語って、ADの大切さを認識してもらう」と。

みうら　長い計画だな、それ（笑）。

伊集院　でも、そんな話始めたらADたちの目が輝き始めたんです。「ああ、オレはいまいい**『童貞宣教師』**になってる！」って実感して、ますます力が入る（笑）。「そのとき、近藤さんの原稿をコピーがずれてててちょっと読みづらい状態にしておく。オレが頃合いよく『あのADが辞めたらオレもこの番組降りますよ』とか言ってるときに、おまえが新しい原稿を持って入ってくるんだよ。そこでオレはわざと『何やってんだよ、入ってくんなよ』とか言うから、『いえ、原稿が汚かったんでコピーし直しておきました』って言えと。そこまで近藤さんに印象づけたら、トークバックでオレが『近藤さん、おまえのこと気持ち悪いって言ってるぞ』って言うから、そうしたら近藤さん、今度はおまえをフォローしなきゃなんないだろう」って。

みうら　リアルな計画だね（笑）。

伊集院　リアルでしょう。その話をしてるとき、やっぱりこんなふうにAD3人くらいのウキウキした感じを見られるなんて、ああいまいい仕事してるなあって。でも、こういう話って、僕が童貞のころに考えてたのと全然変わってないんですよ。**どんなにリアルに考えても、宝くじ一等が当たるくらいの確率でしかない**（笑）。

6

モテ組とDT、どこから違う?

DTとモテ組の差はどこにあるのか？

――童貞を捨てるのが遅かった人が、必ずDTになるんですか？　モテ組とDTは、どのあたりから違ってくるんでしょう？

みうら　DTになった原因のひとつには、**クルマの免許持ってない**っていうのもあるんじゃないかと思うんだけど。

伊集院　それはありますね。童貞もDTもクルマさえ持ってればやれるのにって本気で思ってますから。

みうら　やり部屋が走ってるみたいなもんだからね。

伊集院　旅行でもナンパでも、なんでもできるってことになってましたからね。

みうら　ドライブに行くなんて話になってレンタカー借りても、こっちは免許ないから女の子が運転して僕は助手席なんだ。すると**ベストカセット作っていくくらいしかやることない**（笑）。

伊集院　最悪なのが、友達のカップルと4人でどっか行くっていうとき。クルマを出すのも運転も友達カップルの男のほうだから、こっちは盛り上げ役をやらなきゃならないでしょう。

みうら　後ろの席で、もうわーわー言ってるよね。一生懸命お菓子出したり。

伊集院　必要以上に地図見たり。その姿はそうとう情けなかったと思うんですよ。

みうら　いまだに免許取ってないの？

伊集院　持っていません。だからモテる系のお笑い芸人と僕のいちばんの差は、クルマに対する考え方なんですよ。僕はカミさんが運転してオレのサイズに合えばいいからワゴンなんですけど、若い芸人が「おまえもうそんなクルマ？」ってのに乗ってるんです。そういう連中は「クルマを買うとこんなにいいことがある」も経験してるから、クルマにはどれだけでも投資するんですね。

――そこまでわかっていらっしゃって、どうして免許を取らないんですか？

みうら　ＤＴだからだよ。

伊集院　ですよね。

――……説明になってないような気がします。

みうら　**「乗る」って表現は女とクルマに使うもの**でしょう。

伊集院　確かに「メチャメチャヤリチンなのに無免許」って、少ないような気がしますね。

みうら 彼女が男友達のクルマに乗ったっていうだけで「やられたのか!?」って思ったりするもん。

伊集院 昔は集中ドアロックなんてなかったから「助手席から降りるとき、ドアロックをスムーズにやる女はヤリマンだ」なんて伝説もありましたよね（笑）。親のクルマで慣れてるだけかもしれないのに。

みうら 男のクルマに乗ったって聞いたら「ちゃんと後ろに乗ったか!?」って、タクシーじゃないんだから（笑）。でも助手席に乗ったってだけで、ものすごく嫉妬《しっと》したよね。

伊集院 僕たちには**「カーセックス」って架空のものみたいな意識がある**でしょう。

みうら もうSFだから。「モノリス」とかそんなのと一緒だよ。

―― 違います。

みうら だって、どうやってるんだかわからないもん。「あのギアとかもうまく使うのか?」って……。ちきしょう、そりゃあいつらモテるに決まってるよ。だって女は命預けてるんだよ。それはもう体預けたのと同じことでしょう。

DTの「間《ま》」

伊集院　……免許も持ってないのに、こんなにクルマ褒める奴らも珍しいと思いますよ（笑）。DTって、そういうモテアイテムに縁遠いですよね。僕は免許ないし、スキーやらないいし、大学生やってないし。

みうら　スキーとか行くと、あのロッジってところはもう乱交なんだってね？

伊集院　やってるに違いありません。すごいことになってるはずです。

みうら　海は？

伊集院　泳ぎは好きなんですけど、競泳用パンツが恥ずかしい。

みうら　僕なんか泳げやしないから。

伊集院　モテ組は海に行っても、パラソルの下でぼーっとできたりするでしょう。

――**確かに。あれは何をしてるんでしょうね？**

伊集院　モテ組は何もしないで、ぼーっとできるんだよ。オレなんかいまだに岩場に蟹《かに》がいないか探しに行ったりしちゃうからね。

みうら　フナムシとかね（笑）。

伊集院 だから海行って、海に入らないカップルとかいるけど、あれが信じられない。

みうら 海って「すぐ終わる」よね。

伊集院 終わりますよ。すぐやることなくなっちゃう。温泉も同じで、のんびり湯につかるだけなんてできないんですよ。

みうら **DTは間が持たない**んだよ。海洋堂のフィギュアとかお寺だったらいくらでも間が持つのに、女の人と一緒だと持たない。

伊集院 そういう**自分の得意ジャンルで一人で時間つぶすのはうまいんだけど、2人になるといきなりできない**。

みうら 彼女と時間を捨てるのが下手なんだ。

伊集院 いまだにカミさんが他愛もない話をしたがったとき、「よし、今日は他愛もない話をするぞ!」って意気込んでますからね。

みうら 実はDTって、女の人に興味はないでしょ。女の人は大好きだけど、女の人の話をじっくり聞きたいわけじゃない。

伊集院 だって、**いてくれるだけで、それ以上何の注文もない**ですから。モテ組の男はよく「髪型変わったね」とか言うらしいですけど、僕たちにしてみれば髪

みうら　型がよかろうがそうでなかろうがどうでもいいもん、いてくれさえしたら。
伊集院　モテ組は、女が髪型変えたらすぐ言えるんだよなあ。
みうら　モテる奴と一緒にいると、女に「おまえ髪切れよ」とか言ってるんですよ。しかもその後、どういう髪型がいいとか似合うとかまで。でも女は嬉《うれ》しそうに「じゃあ、どんなのが似合うと思う？」なんて。
どうでもいいもんね、そんなの。もう真知子巻きでもいいよ。下手すると坊主にしたって気づかないよ。気づくか（笑）。でも耳より下だったらどんな長さでも形でもかまわないよ。

ＤＴは女に何を求めるか？

伊集院　ＤＴは多くを求めてないんですよ。
みうら　クリスマスもどうでもいいことでしょ？　全然興味ないんだ。
伊集院　ただ、結婚してひとつよかったのが、いままで「クリスマスなんて関係ねえよ」だったのが、「こんなこともしちゃってるオレ」なトークができるようになったことなんですよ。

みうら　ああ、なるほどなあ。でも、要は自分でしょう。**女の人を持ち上げる気がない**んだよね。

伊集院　その代わり見下しもしないでしょう。**褒めないけど殴りもしない**。たぶんモテ組の人は両方あるんでしょうね。童貞の傾向として、**女の子を尊敬あるいは崇拝しちゃってる**ところがありますよね。ラジオでアイドルの悪口みたいなのを言うと、「女の人にひどいこと言うな！」って怒るのはまず童貞ですから。いつかやりたいと思って、高いところに置いてた人を否定されたように感じるのかな。

みうら　僕は高校時代、栗田ひろみというアイドルがすごく好きだったんだけど、友達は「でも栗田ひろみだってウンコするよ」とか言うんだ。すごいイヤで、「しない！」って言い張って……、まあするのは薄々は感づいていたけど（笑）、それでもきっとウチのオカンくらいの歳になったらやっとするんだろうって。

伊集院　「いまは溜《た》めてるんだな」と。「ウチのオフクロがよくトイレ行くのは若いころやってなかったからか」って（笑）。

みうら　栗田ひろみは将来結婚する相手だったからね。それを悪く言われたくないっていうのは、やっぱり童貞としてあったよね。あと、当時は「やりにげ」って絶対にあり得なかったでしょう。「**つきあった人と結婚**」だったから。僕も初体験のその日に相手に「結婚しよう」って言ってるんだよね。やったら結婚だと思ってたから。でも彼女が冷静に「あなたも大学に入ったら気持ちは変わるわよ」って言うもんだから、「変わんねえよ！」って必死で抵抗して……。そのときの会話、録音したカセットがまだ残ってるんだけど。

――**録音してたんですか!?**

みうら　いまでも怖くて聞けないんだよ。

――**そんな問題じゃないですよ！**

伊集院　そのテープには、童貞ならではの夢が収録されてるわけですね（笑）。でも、あの童貞が見てた理想郷って、どこにもないんですよね。たどりついてみればそんな場所はなかった。もちろん〝童貞アメリカ〟も〝童貞スウェーデン〟もなかった。童貞のころあんなに細部にわたって考えたのに。あのころの童貞の夢を誰かＣＧとかで映像化してくれないかなあ。

みうら　あの当時、かろうじて童貞の夢に近かったのが、黒沢年男の「時には娼婦《しょうふ》のように」じゃないかな。昼間は淑女で夜は娼婦、一人でリバーシブルって発想だからね。童貞はすべてを一人の人にあてはめちゃうでしょう。

みうら 純愛マンガとエロ劇画を一冊で読むようなものですね（笑）。

伊集院 僕はいまだに「罪悪感」があるんだ。童貞期が長かったせいかもしれないけど、いまでもセックスって男のはけ口に女の人に参加していただいてる感じがある。だから、女の人にはエクスタシーも感じていただいてっていう、サービス業入っちゃうんだよね。

みうら モテてた奴はそうは思わないんでしょうね。やればいい、と。僕もやっぱり「悪いな」って気持ちがありますもん。

伊集院 **童貞はホストみたいなもの**だから。

みうら 童貞期が短い奴って、「オレって早漏なのかな」って悩んだりすることもなかったでしょ。そういうのって、童貞のほうが悩みますよね。それだけに童貞は、**彼女ができればすべてが丸く収まる**って考えがちでもありますが。

伊集院 だから僕も、初デートで女の子を**二条城に連れていって、ついに「帰っていい？」って言われちゃったりした**んだと思うんだ。趣味まで押しつけちゃっ

伊集院　てるわけだから。

みうら　文芸坐《ぶんげいざ》で「ゴジラナイト」観たいはずがないってことに気づかないんですよ。彼女はそういうのも許容してくれると思い込んでますから。映画の後も円谷英二の話で2時間くらい盛り上がれると信じちゃってるからね。

伊集院　そういうシミュレーションを作っちゃってますからね。

手を握るという大問題

みうら　女の人とするとき、やたら回りくどいのはＤＴの癖だよね。それまでロマンチックな話してたのに、いきなりベッドに移行する。どうも**それがＤＴには納得できない**んだ。そのあいだに「嵐山」とか「紅葉」とか、そういうのを入れなきゃいけないって思っちゃうんだよね。オレなんか、いまだに**女の手を握ってからちんちん出すまでの間がわからない**んだもん。

伊集院　オレもよくわからないです（笑）。

みうら　なんとなくなし崩しでやってるけど、正しいちんちんの出し方はどうなの？

伊集院　よく「女だってやりたいんだから、それをキャッチするんだよ」とか言うけど、いままではたしてキャッチできてたのかどうかよくわからないでしょう。

みうら　かなり「圏外」だよね。アンテナ2本立ってないでしょ、それ。

伊集院　手を握った後にラブホテルって言われても、まず「クルマの免許持ってないし」って考えちゃうし。

みうら　あんなとこチャリンコで入っていくわけにはいかないしね。そもそも「手を握る」ってさ、あれはデートしたらもう握っていいの？　握手との区別がよくわかんない。

伊集院　デートしたら手を握ってもいいかっていうのが、すでに童貞の発想なんですけどね（笑）。でも「自然に」って言われたってわからない。

みうら　たとえば映画を観てロマンチックな気分になれたら、なんてことだったとしたら、こっちは『大地震』とか『ポセイドン・アドベンチャー』などの一連のパニックもの観てたから、そんなシーン出てきやしないし（笑）。

——恋愛映画に行けばいいじゃないですか。

伊集院　俺の場合はそう思ってわざわざ『ラ・ブーム2』の前売り買って観に行ったんですよ。ところが打ち切りになっていて、代わりにやってたのが『食人大

みうら　統領アミン』（笑）。それを観たら一緒に行った女が吐いて、気持ち悪いって帰っちゃって。童貞は「打ち切りだったら観なきゃいい」なんて機転が利かないんですよ。「『ラ・ブーム２』の前売観賞券でご覧になることができます」って書いてあったら、もう『アミン』を観るしかないでしょう。

伊集院　童貞は映画でなんとかしようって発想だからね。でもその後のことがさっぱりわからない。だから**「話が合う彼女がいい」とか言う人って、童貞期が長かったＤＴ**だよね。「センスが合うんだ」って結婚する奴は長続きするかもしれないけど、それは童貞期が長かったおかげなんだよ。

みうら　童貞はライトサイドもダークサイドも、「女の人はこうでこうなるから、こういうときはこうで」って嘘パーフェクトな理論ができてるからそうなんでしょうね。

みうら　東京に出てきてまだ童貞だったとき、その初めての女の人に押し入れ開けられて、ＳＭの雑誌がだーって落ちてきたことがあったんだ。つきあってて、まだしてないうちに見つかっちゃったから、もう何も言えなくなっちゃって。ところが、彼女が言った最初の言葉が「そんな趣味あるんだ」で、次が「**縛**

っていいよ」。すごいでしょう、いま考えれば理想郷の人だったのに、つい「違う、これ、友達が置いてって」って必死に言い訳しちゃったんだよ。

伊集院　そこで縛ってたら、みうらさんは**「童貞ドリーム」の実現者として童貞辞典に出た**のに（笑）。

みうら　教科書に顔写真出てたよね（笑）。あれは失敗だった。だから二度と言えなくなっちゃって。

伊集院　しかも、その子の〝縛られてもいい願望〟まで否定してるわけですからね。

みうら　現実はうまくいかないよ。あのときうまくやってれば、女の人を縛ってなおかつ童貞喪失もという、クルマを買ったら中に美女まで入ってたみたいな〝ボーナス人生〟だったのに。

伊集院　それ以上の夢はないですよね。

みうら　惜しいことしたなあ。

童貞映画

みうらじゅんの「童貞と大人、同じ映画でもこうも違う」6選

『ひまわり』70年
監督／ヴィットリオ・デ・シーカ
出演／ソフィア・ローレン、マルチェロ・マストロヤンニ

「大好きでいつも号泣してたんだ。反戦映画だし。それがこないだDVD買って久しぶりに楽しみにして観たら、しょっぱなからマストロヤンニとソフィア・ローレンが船の脇でエッチしてんだよ。忘れてたのか許してたのか見逃してたのかわからないんだけど、とにかく巨乳を揉んでると。戦争で離れ離れになって、戦場に行ったマストロヤンニをソフィア・ローレンが探しに行ったら、ソ連で女と暮らしていたんだ。そこで悲しい別れがあって、でもマストロヤンニはまたソフィア・ローレンのところに来てヨリを戻そうとすんだけど、よく見たらそのソ連の女は貧乳なんだ。つまり**たんなる巨乳好き映画**だったんだよ。徴兵取られる部屋の隣でもどこでも、いっつもソフィア・

ひまわり　デジタル・リマスター版　発売中
発売元：IMAGICA TV　販売元：エスピーオー

ローレンのおっぱい揉んでてさ。もう涙も出なかったよ。その後でソフィア・ローレンの映画を何本か観てみたんだけど、みんなそうだったね」

『三大怪獣 地球最大の決戦』64年
監督／本多猪四郎
出演／夏木陽介、星由里子

「ゴジラシリーズに初めてキングギドラが出たやつで、小学校1年ですごく楽しみに観に行ったんだ。その後もテレビでやるたびに観て大好きだったんだけど、大人になってから観たら、主人公の夏木陽介とお姫様の恋愛ものだったって気づいたんだ。童貞期は怪獣しか見てなかったけど

ちゃんとしたラブストーリーで、最後は2人が別れるんだけどそれが**『ローマの休日』と同じシーン。**本多猪四郎監督も子供の怪獣映画ばっかりでイヤだったと思うんだ。それでそこに恋愛ものの要素を入れ込んだんだと思う」

『ジェレミー』73年
監督／アーサー・バロン
出演／ロビー・ベンソン、グリニス・オコナー

「本当に大好きな映画だったけど、実は最近観たらダメだったんだ。強度の近眼の子が年上の女の子に眼鏡外してもらって初体験するんだけど、もういまのオレは眼鏡をハンデだと思ってないんだよ。あのころはコンプレックスで、『目さえよければモテる』って信じてたんだけど、

「三大怪獣 地球最大の決戦」
DVD発売中
発売・販売元：東宝

そんなこと関係ないんだ。あの**〝度の強い眼鏡童貞はモテない〟**って嘘だったんだよ。モテる奴は目が悪くたってモテるよ。アイツもよく見たらけっこう背も高いしモテそうな顔してるもの。チビ・デブ・メガネって3大モテない要素だったから、そういう奴が頑張る『がんばれ！ベアーズ』みたいな映画も好きだったけど、実はいま観ると、それを撮った監督はモテてる奴だろうって思うんだよね。だってデブが、本当の意味ですごくかっこよく撮られた映画なんて、『ブルース・ブラザース』のジョン・ベルーシくらいでしょ」

『旅情』55年

監督／デヴィッド・リーン
出演／キャサリン・ヘプバーン、ロッサノ・ブラッツィ

「映画って2回観るものだとこの映画でつくづく思ったよ。童貞のころは悲恋ものだと思って感動してたんだけど、大人になって観たらたんなる不倫ものなんだ。**童貞はもう〝不倫〟ってことがわかってない**から。家でいつでも奥さんとやれるのに、他の女の人とやる理由がわからないもの」

「旅情」
発売元：ツイン　販売元：パラマウント・ジャパン
Blu-ray／発売中

『卒業』67年

監督／マイク・ニコルズ
出演／ダスティン・ホフマン、キャサリン・ロス

「ダスティン・ホフマンってオレにとってすごく童貞の匂いがする俳優なんだ。『卒業』だってミセス・ロビンソンに誘惑されたけど、つきあったらすぐ結婚しそうだったし、『真夜中のカーボーイ』だってやってたかもしれないけど使わずじまいで死ぬような感じがするし、『わらの犬』なんか嫁をやられて復讐する話でしょ。70年代を代表する童貞俳優だったと思うな。**『レインマン』だって確実に童貞でしょ？**」

『伊豆の踊子』74年

監督／西河克己
出演／山口百恵、三浦友和

「川端康成の原作にもあるんだけど、温泉に入ってる踊子が、主人公の学生さんのいる部屋に向かって素っ裸で手を振るシーンがあるんだ。学生さんはそれを見て『まだ子供だな』って言うんだけど、ホントはびんびんじゃねえの？　って。学生さんは童貞であることを悟られないために無理して言ってる感じがあるんだ。すごい不自然。映画だって踊子役は吉永小百合とか山口百恵がやってるのに、必ず『子供だな』って言うんだ。それが童貞の照れ隠しだっていうのは、大人になってわかったね」

7

童貞よ、優越感を抱け！

喪失の時

みうら 伊集院さんの童貞喪失はどんな感じで？

伊集院 僕はいまでも場所を覚えてるんですよ。池袋の「アラビアンナイト」っていうラブホテル。17歳の終わりぐらいに彼女と、だったんですけど、ラブホテルって照明をいろんなパターンでつけられるボタンがベッドにあるじゃないですか。

みうら あるね。最初のうちはまずそれをカチカチやってみるよね。

伊集院 そうなんですけど、そのボタンをいじってるうちに、全然ちんちんが勃《た》たなくなっちゃったんですよ。すごく困ってトイレに行って、そのころよく観てた金髪の双子が出てくる洋ピンのこと思い浮かべてちんちん勃ててたんですけど、**甘いじりしてたら、今度はそれだけで出そうになって……**。その一部始終はすごくよく覚えてますね。

みうら で、ちゃんとできたの？

伊集院 なんとかトイレでは出さないで、挿入まではいけました。

みうら　でも、挿入時の快感とか覚えてないでしょう？

伊集院　覚えてないですよ。

みうら　だけど、よくラブホテルに入る勇気があったよね。

伊集院　いや、それも僕の勇気じゃないんです。ラブホテル街歩いてたのは確信犯だったんですけどね。池袋の「ロサ会館」で映画を観て、その後、ホテル街のほうになんとなく遠回りして。こういうときって「ちょっとシャワー浴びようか」とか「お腹が痛くなった」とか言って入る、なんていうじゃないですか。そういう童貞が蓄えた知識が頭をめぐってるときに、逆に彼女のほうから「私たちはそろそろそういう時期かも」みたいなことを言われたんです。

みうら　相手のほうが積極的だったんだ。

伊集院　そうなんです。そうしたら逆にゆっくり手を詰めていくことができなくなっちゃって、「そうだよねそうだよね」って慌てて言って。

みうら　相手は経験者？

伊集院　同い年だったんですけど、もう経験なさってましたね。だから「こうなったらこうしよう」っていう童貞の手順が通用しないわけで、とにかく冷静になろうと、「だよね！　だよね！」と、「DA．YO．NE」が流行《はや》る何年も前に（笑）。終わった後はもう早く帰りたかったですよ。

——それは、どうしてですか？

伊集院　うまくいかなかったんじゃないか、早かったんじゃないかって、不安で……。

みうら　「早く帰って誰かに自慢したい」じゃないんだよね。

伊集院　違いますね。ただもう「早く自分を立て直したい」ですよ。自分のペースを早く取り戻したかった。

みうら　童貞にとっては、ああいうときは男がリードするものってことになってるからね。

伊集院　だから、どうでもいいような段取りがひとつうまくいかなかっただけで、不安なんですよ。「左手で腕枕したときは、空いている右手を使って云々《うんぬん》」って知識はあっても、「ああ、逆サイド取られてる！」ってことだけで慌てたし。

みうら　風呂《ふろ》は先に入った？

伊集院　入りました。そこで勃たなかったからすごく慌ててたんですよ。

みうら　風呂でびんびんに勃ってるのも恥ずかしいものだけどね。

伊集院　そうですよ。そう思って一緒に入れなかったんです。

みうら　**ベッドに持ち込むまではまっとうな人間でいたい**もんね。それが風呂で普通の話をしてるのにアソコはびんびんというのが恥ずかしくて。股《また》に挟んだり、足立てて相手に見えないようにしたりしてね。

伊集院　昔、師匠が温泉番組に出るというので、鞄《かばん》持ちでついていったんですけど、タオル巻いて入ってる女の人見ただけでかちんかちんになっちゃって。しかもそこで、絵作りのためにデブがいたほうがいいってことになって「おまえ、入れ」と言われたんですけど、「僕はいいです！」って必死に断って。師匠には「おまえは落語以外のことではテレビに出たくないとか思ってるんだろうが、十年早い」って思われて怒られました。悲しかったです。

みうら　若いくせに生意気だと。

伊集院　ただ、かちんかちんを見られるのが恥ずかしかっただけなのに（笑）。

――　**みうらさんの喪失の相手は、SMを許容してくれた彼女ですよね？**

みうら　その前に一人、未遂の人がいるんだ。浪人時代、美術のデッサンやると、みんなすごくうまくて恥ずかしかったんだ。そんな中、僕よりも下手くそな女の人が一人いて。「**これは優越感持てる**」と、その子を喫茶店に誘ったの。

そうしたら「私は将来、パリに行きたい」とか言うんだけど、爆笑するほど下手なんだ。でもそこは「君なら行けるよ」とか頑張って盛り上げて。

みうら それはもう、つきあうためのお世辞ですよね。

伊集院 もちろん。でも、そうなるとこっちは絵だけじゃなくて、夜も先輩面しなきゃいけないでしょう。その子も初めてだったんで、困ったなあと思いながら、その子の誕生日の1週間前にいたすことになって。

―― **ど、どうしたんですか？**

みうら どうしたらいいんだろうと思ってるうちに、挿入する前に、その子の太股《ふともも》に全部出ちゃったんだ。

伊集院 うわ～、**絵に描いたような童貞の失敗ですね**（笑）。

みうら びちゃーって、お母さんにおつかい頼まれた豆腐を道端に落としたように。でもその子も経験がなかったのをいいことに、「来週は君の誕生日だから、そのときにもらうことにする」って言ってさ。びしゃびしゃなのは理由のつけようがなかったんだけどね（笑）。

伊集院 それは、果てしない童貞迷路に迷い込むような話ですよ、普通だったら。僕もラブホテルのトイレでしごいたとき、万一そのまま出ちゃったら、その後の人生、立て直しが利かなかったような気がしますもの。

みうら　しかも、その後でやる前に別れちゃったんだよ。

伊集院　えっ、やる前に別れちゃったんですか？　またどうして⁉

みうら　先輩面したいもんだから、**また失敗するのが怖かったんだ。**もうその子に近づくのも怖かった。格好つけたいがために、できなくなっちゃって……。

――　**聞いてるだけでも、残念な話ですねえ。**

みうら　その後、同じ美術学校でまた、ものすごくデッサンが下手な人を見つけることになるんだ（笑）。

伊集院　きっかけは必ず「絵が下手」だったわけですね（笑）。

みうら　女の人と話すには、その優越感だけしかなかったからね。その人は年上で、大学通いながら美術学校通ってて、もう経験もある人で、クルマも持ってたんだ。その人にあるとき「同伴喫茶でも行かない？」って突然言われたんだよ。伊集院さんと同じパターンで、あっちから言われたからどうしたらいいかわからなくて。「行ったことあるよね？」って聞かれて「お、お……オフコース！」みたいに答えて。その後「初体験はいくつのとき？」って聞かれて、「やばいと思いながらも「高校2年」って嘘ついて。

伊集院 最初の優越感をキープするのに必死なんですよね。

みうら それで同伴喫茶に行ったら、もうみんなそこらじゅうでやってるんだ。キスくらいはしてるんだろうと思ってたけど、そんなもんじゃなかった。

――さぞ、燃え上がっちゃったんじゃないですか？

みうら いや、びっくりしてかたまっちゃって。それで、あまりにも僕が手を出さないもんだから、その人が「してあげようか？」ってフェラチオしてくれたんだよ。ま、数秒後、彼女の口の中はびちゃびちゃだったんだけどね……。

伊集院 最悪だ（笑）。

みうら でも、それで自分はすっきりしたからいいんだけど、その人が「このままじゃ私、つらいじゃん」って言うんだ。何がつらいんだろう、この人何を言ってるんだろうって本当にわからなかった。

――それはつまり、ちゃんとしてくれという意味だったんですか？

みうら そう、それで今度はオレの部屋に行って、手を添えてもらって、ようやく挿入。ちょっとよかったのは前に口でしてもらってるから、少しだけ冷静でいられたことかな。

童貞喪失直後

伊集院　すごく羨《うらや》ましい体験に聞こえるんですけど、でも、同伴喫茶で出ちゃったところで、本当は逃げ出したい気分じゃありませんでした？

みうら　逃げ出したい逃げ出したい。**早くデッサンしたかった**もの。

伊集院　彼女のデッサンも見て、もう一度優越感を取り戻さないといけませんよね。

みうら　うん、出してもらったところで完璧《かんぺき》に負けてるからね。

伊集院　みうらさんの話を聞いて、なんか納得できましたよ。僕は17歳で、落語家の弟子になったんです。それを誰にも言わないで、学校にもときどき行くくらいだったんですけど、それを「謎めいている」と受け止めてくれた子が一人だけいたんですね。それが初体験の相手になる彼女だったんです。あるときその子と話して、実はオレは落語をやってるって言ったら、彼女はそれを勝手に「すごいわ」って尊敬してくれて。確かにそういう**「優越感」があったからこそできた**のかもしれません。

みうら　キーワードは「優越感」だよね。

伊集院　こっちは女の子に関して何の自信もないんですからね。

みうら　伊集院さんにしても僕にしても、「芸は身を助ける」のパターンだよね。

伊集院　本当は、入門したばっかりで落語も全然たいしたことないんですけど。相手の人はいま僕を知ってるだろうけど、あんまりいい記念にはなってないだろうなあ。たぶん「伊集院と知り合いだった」とは言うかもしれないけど、「伊集院とやった」とは言ってないでしょう。

みうら　そういう人といまもう一度やってみたらどうなんだろうって考えるよね。僕は伊集院さんと違って頻繁にテレビに出てるわけじゃないから、たまに雑誌とかで見つけて「この男、あのときの相手じゃないかなあ」って思うくらいだと思うんだ。それで**昔を思い出して濡《ぬ》れたりしてる**んじゃないかな。

伊集院　おい！

――　ずいぶん肯定的な想像しますね（笑）。僕は微妙だなあ。「伊集院とやったわよ」って自慢されることはないけど、その後彼女が開放的な人になってたら友達との「**私のエロ珍プレイ**」**話に入れられてそうな気はする**（笑）。でも当時の彼女たちは、オレたちがこうやって語る初体験話とは、違う風景を見ていたんだろうなあ。全部お見通しのうえで。

みうら 間違いない。同じことを女の人に聞けば話は違ってるよね。言い分はかなり違うと思うよ。芸能人が昔世話になった先輩とご対面する番組とかあるでしょう。あれの初体験版があって彼女が出たとしたら、「あたしがみうらさんとやったとき」って、声はもうプライバシー保護のために音声変えてあると思う（笑）。だって、初めてしてたとき、彼女のおっぱいに何か黒いものがいっぱいついてるんだ。何だろうってよく見たら、僕の垢《あか》なんだよ。何日も風呂《ふろ》入ってなかったからね（笑）。気づかれないように必死に払ってたんだけど、当然そんなこともわかってたでしょう。

伊集院 それでいうと僕は汗ですよ。当時からこの体型だから、彼女の顔にぼたぼた汗が落ちてるんですもん。そういうの、後で笑われたりしてるのかなあ。

——あの……、どちらも何十年も前の話ですよね？

みうら **いつまで経ってもその女の人がどう思ってるか不安になるのって、やっぱりDTだからだと思うんだ。**何か別の「優越感」がないとできなかったけど、その優越感も後から考えれば実はたいしたものじゃないでしょう。体育会系の場合は「肉体」っていうわかりやすいものがあるから気にしないかもしれないけど。

理想の童貞喪失

伊集院　みうらさんも僕も、童貞喪失のあり方が、その後の人生に大きな影響を与えていますよね。まあ、典型的な体験ではあるけれど、悔いがないかというともう後悔だらけで……。

みうら　いま童貞喪失ができるんだったら、すごくいい演出をしたいなあって思わない？

伊集院　思いますねえ。そういえば童貞放送作家の渡辺くんが、27歳にしていよいよ童貞を捨てるっていうんですよ。場所はオランダの国営娼館（笑）。

みうら　場所が決まってるんだ（笑）。

伊集院　前から「どうせ捨てるなら面白いところで捨てろよ」、みんなが『スゲェッ』って笑ってくれるシチュエーションで」って話してたんですよ。一度、箱根の山道の途中に「ソープランドはこれ」っていうのがぽつんと建ってたんで、そこはどうだなんて言ってたの。でもどうも本人的にはそこがイヤだったみたいで、ついに自分からオランダで捨てると。

みうら　ビッグに出たね。でも確かにそこまで童貞引っぱったんだから、もう「酔った勢いで」とかそんなふうに落としてほしくないよね。

伊集院　ええ、やっぱり「**相手**」か「**場所**」のどっちかにはこだわってもらわないと。

みうら　それで「外人」にしたんだ。でも童貞喪失って、何歳でやるのが理想的なんだろう？　ずっと童貞っていうのもダメでしょう。

伊集院　やっぱり一生に一度はやってほしいですよね。その彼も、僕に会うまでは「もう一生童貞でいるんだろうなあ」と思ってたらしいんですよ。放送作家だからそれなりに金もあるんですけど、金が入るたびに「ソープランドに行ってもいいんだよなあ」って思いながらも、気づいたらもう行くのは照れる年齢になっちゃってて。

みうら　ああ、なるほどなあ。

伊集院　20歳くらいで、「みんなでソープ行こう！」って盛り上がったときに断ってたらしいので、さすがに27歳になって友達は誘えないし、一人で行くのもなんだし、って。

みうら　童貞仲間誘うにしても、もう後輩になっちゃうもんね。

伊集院　そうなんですよ。だからここはひとつ、エンタテインメントになるように童貞を捨てようという考えになったみたいですけどね。彼にしてみれば必死なことかもしれないですけど、僕らからすればすごく羨ましいですよね。

みうら 羨ましいよ。**童貞喪失だけは、どうしたってもうできない**んだから。

8

映画でわかるガハハとDT

DT好みの映画

みうら　DTはだいたい映画が好きだよね。でも、その映画好きを女の人相手にうまく利用したためしがないと思うんだ。

伊集院　友達が「すげえ面白い映画があるよ」って言ってたのを受け売りして、女の子に「すげえ面白い映画あるんだよ」と言って一緒に行ってみたら、それがすごくつまんなくって沈黙する……ってよくあるじゃないですか。

みうら　〝童貞デート〟にありがちだよね。

伊集院　「つまんなかったなあ〜」って一緒に盛り上がるのもいいデートなんだろうに、それを知らないんですよ。

みうら　知らないよね、全然。

伊集院　童貞は映画がつまんなかったことで自分のセンスを疑われたくないから、「この監督が前に撮った映画がさ」みたいな余計な話始めちゃうでしょ。『2001年宇宙の旅』なんてわかんなかったもん、正直なところ。でも、それに女の子を連れてってる自分がすごくかっこいいって思い込んでたんですよ。

みうら　そういう「映画」みたいに、女の人より秀でたものがないとダメだと思い込んでるもんね。童貞は映画がうまくいけばホテルまで行けると思い込んでるからね。

伊集院　帰ってから「『２００１年宇宙の旅』じゃなかったらいまごろ……」と思うんだけど、もちろんそんなわけがない。

みうら　映画でバクチしてる気になってるんだよ。だから童貞は恋愛映画行くでしょ。そういうの観せれば女の人はほろっとするんだろうと思って、つまんないリチャード・ギアの映画かなんか観ちゃう。それで終わったら話すこともなくて「解散」って（笑）。だったら自分が観たかった『悪魔の毒々モンスター』に行けばよかったのに。

伊集院　前に友達に「女と行くならこの映画だ」って、『仕立て屋の恋』を勧められて観に行ったら、すごく面白かったんです。モテないチビでデブでハゲの男が、自分がずっと覗《のぞ》いていた女が家に来て、もうどうやってもできる状況になってるのに、その女を帰らせちゃって、帰らせたのに女が座ってたベッドの匂いを嗅《か》ぐ、ってシーンがあるんですよ。

みうら　田山花袋の『蒲団《ふとん》』だね。ラストで匂い嗅ぐよね。

伊集院　ところが、映画館出たところで相手の女が「あれ変態だよね～」って言うから、もう悲しくて。童貞は現にあんなことが起こったらああするじゃないですか。いちばん好きなシーンなのにそれを「気持ち悪い」って言われてしまって、せっかくその女とうまくいきかけたのも、もう台なしです。でも、僕も「それだけモテないってことを、ああいうふうに描いたんじゃないの？　確かにあれはないわ」とか言っちゃって、後で自己嫌悪ですよ。いい歳こいて、もう童貞でもないのに、自分がいる**DT側と向こうのモテる側のあいだには大きな川が流れてる**って実感しましたよ。

みうら　モテ組はそこまで映画を好きじゃないから、うまく話を合わせられるんだよね。

伊集院　たぶんモテ系の人が女を映画に誘うときって、いまいちばんヒットしてる映画に素直に行けると思うんですよ。でも僕なんか、**自分が観たこともない岩波映画**とか行きましたもん。メジャー映画よりオレはもっとすごいの知ってるぞって『旅芸人の記録』。そんなの面白くもなんともないのに（笑）。そして、無理褒めしてさらに失敗ってパターン。

みうら　童貞って、なんであんな難しい映画を観ようとするんだろう？　「恋愛もの

伊集院　なんて卒業したよ」って言いたいのかな、恋愛もしてないのに。

みうら　難しい映画を観るか、マニアックな特撮ものを観るかどっちかですよね。興行収入1位の映画を素直に観に行くっていうのはないですね。

伊集院　いまなら素直に観られるんだけど、童貞のときはそんなもの観たら負けだみたいな気分あるよね。高校のとき、僕は女の人とエロ映画に行くのが夢だったんだ。**エロ映画さえ観せれば、女の人は濡《ぬ》れると思ってたから。**「これさえ観せればこっちのもんだ！」って。

みうら　そういう「セックスシーンがあれば」みたいなので、「**怖いシーンがあれば抱きついてくれる**」っていうのも、童貞辞典に書いてありましたよね。書いてあったけど抱きつかれたことないね（笑）。映画は、90％の人にとっては道具でしょう。デートの一環が普通だよね。もう監督の名前を覚え出した段階で、そこから外れていくんだよ。「**特撮があの班だからさ**」なんてこと言ったって、モテやしないもん。「あの脇の木村功の演技がさ」なんてモテ系の奴は言うわけないもの。

伊集院　逆に、童貞がこっそり観に行く映画ってありますよね。僕はまだ観てないんですけど、『カリギュラ』ってどうだったんですか？　イメージは「すごいエロ映画がくる！」だったんだけど、当時の僕の年齢では観に行けなかったんですよ。

みうら　全然面白くないよ。『カリギュラ』もそうだし、あと当時ヤコペッティもすごいらしいって話題だったから観に行ったんだけど、すごいのは土人の割礼とかそんなのなんだ（笑）。「超過激」って評判だったけど、エロの過激じゃないんだよ。そんなのを観てるの知られたらモテないと思って、やっぱりこっそり行ったけどね。『白日夢』も行ったよ。初の本番映画っていうから期待してたのに、でもつまらなくて。

伊集院　いまなら、一般公開しているという時点で「そんなにエロいわけがない」って気づくんだけど、でも童貞は観てもないのにずっとドキドキしてるんです。

みうら　実際観るとなんでもないのにね。

伊集院　僕が最初に観た15禁映画みたいなのが『トランス』ってやつで、16歳になってついに観てもいいエロ映画だと思って歌舞伎町の映画館に観に行ったんですけど、これがえらくつまらなくて。

みうら　そういえばあのころって、『クリスチーネ・F』とか『リップスティック』

伊集院　くらいの映画でも18禁とか15禁になってたね。

みうら　あれ、絶対に童貞狙いだったと思うんですよ。普通に公開したらつまらなくて誰も来ないもの。

伊集院　映画って、童貞がいちばん夢見て、いちばん裏切られるものだからね。

女の人と映画の話で盛り上がれるか

伊集院　そういえば「ゴジラナイト」の観客が男ばっかりなのはわかるんですけど、普通の「愛と青春のナントカ」みたいな特集上映でも、やっぱり観客は男ばっかりですよね。

みうら　女の人はそんなにいろんなジャンルの映画を好きじゃないんだと思うよ。

伊集院　女の人できちんと映画好きなのって、実は変わってる人ですよね。女なのに童貞くさくて、こっちはつきあいやすかったりするんだけど。

みうら　映画評論の人で叶《かのう》姉妹みたいな人っていないね。

――　**あっ、そういえばそうですね。**

伊集院　ストレートな美人で映画が大好きな人って、そういえばいないですね。これは褒め言葉として受け止めてもらいたいんだけど、**映画の話をして盛り上がれる女の人は童貞の匂いがする。**

みうら 服とかあんまり買わないよね。でもそういう人は信用できるし、信用できるから好きになっちゃって結婚したくなったりするんだ。それがよくある間違い（笑）。

伊集院 僕、サブカルチャーのことで盛り上がれた女性とはいい恋愛してたような気がするんですけど、でもその人と結婚したら失敗してただろうなあって思いますよ。「こんなこと理解してくれるんだ」と思ったら嬉《うれ》しいんだけど、同じくらい喧嘩《けんか》もするでしょう。

みうら そうなんだよ。前にある女の人とマカロニウェスタンの話で盛り上がれたんだけど、そいつが「ジュリアーノ・ジェンマがかっこいい」って言うからカチーンってきちゃって。「フランコ・ネロに決まってるだろ！」って。他のことは全部センス合っていても、そういうとこだけは譲れないからね。

伊集院 わかります。僕の場合は落語で、「談志と志ん朝どっちがいい？」って話。そもそもそんなこと語れる女ってだけでもありがたいはずなのに、それで喧嘩になっちゃって。最初は「こんなこと語れる女なんかいないんだ」って思ってたのに、いたらいたで彼女に全部を求めちゃうのも童貞の悪い癖なんですよね。でも、いま僕が愛人を囲うとしたら、そっちだけを求めるかもしれないと思うんです。

みうら　趣味をわかってくれる愛人ねぇー。怪獣、鉄道、駅弁の包み紙、何だって対応できるプロね。こっちがガハハオヤジになれないからね。

童貞はパニック映画がお好き!?

伊集院　ガハハオヤジは「ゴジラナイト」に行きませんからね（笑）。やっぱり映画のこと熱く語りたがるのは、童貞かＤＴなんですね。

みうら　あと童貞って、パニック映画が好きじゃない？　世の中なんかどうとでもなっちまえばいいって思ってるからかな。

伊集院　ジェイソンとかホラーものも、まず**やってる奴から殺される**っていうのがありますよね。アメリカって「やれればいいんだろ」な国かと思ってたけど、でもそういう童貞に味方した映画も作るんだって思いましたよ。

みうら　やっぱり「バチが当たる」っていうイメージがあるんだろうね。ジェイソンは自分が童貞のまま死んでるから、やってる奴がムカつくんだよ。クリスタルレイクは〝童貞レイク〟なんだ。しょっぱなは女の裸を「覗《のぞ》いてる奴」から殺されるよね。

伊集院　覗いてる奴、浴びてる奴、ハンモックの上でやってる奴の順ですよね（笑）。

――観るとなぜか痛快だったのは、そういう理由だったんですね。

伊集院　かなり童貞な殺意だからね。

みうら　その中でもジェイソンがいちばん気に入らないのは「つきあってる奴」だよね。カップルが最後まで生き残るんだけど、そいつらをいちばんビビらせたいんだよ。考えてみればオレも「女と一回やったことあるよ」って奴よりも、実際に彼女がいる奴のほうがムカついたもの。それってフリーパス、毎日やっていいってことでしょ。

伊集院　確かに、女とつきあってる奴がするエロ話はつきあえなかったですね。その実像が頭に浮かんじゃうし。

みうら　でもさ、そのパニックもの作ってた監督で**ジョン・ギラーミン**って奴がいるんだけど、こいつはもうどうしようもないくらいガハハだと思うんだよね。

伊集院　『キングコング』撮った奴だ（笑）。なんかいつも派手なんですよね。

みうら　『ナイル殺人事件』とか、ただ有名どころばっかり出してさ。

伊集院　**『タワーリング・インフェルノ』もそうです。**

――ガハハに金持たせたらいけない典型的なタイプですよね。

みうら　そこがジェームズ・キャメロンが『タイタニック』で〝童貞魂〟捨てた原因だと思うんだ。彼はこれを撮ってＤＴからガハハに鞍替《くらが》えしたんだよね。それまで『エイリアン２』とか『アビス』とか童貞しか観ない映画ばっかり撮ってたのに。

伊集院　「オレの世界観が……」とか言ってそうでしたよね。

みうら　あるときガハハのプロデューサーに言われたんだと思うんだ。「**おまえもそのオタクくさいジージャン脱げよ**」と。

――ジージャン？

みうら　ＤＴ系オタクはみんな心にジージャン着てるからね。

伊集院　そして、いろんなとこに連れてかれたんでしょうね。「ほらほら、どの女がいいんだ」とか、お姉ちゃんたちには「この人はすごい監督さんなんだぞ！」とか（笑）。

みうら　そこから「ギラ〜〜ミン！」の道が始まったね（笑）。

伊集院　ガハハプロデューサーに「大監督さん。あんただったらこのキャバクラどう作るよ？」みたいなこと言われて、細かい設定とか話し始めた途端、「だからおまえはダメなんだよ！」って、背中をバーンと（笑）。「デカパイを10 0人並べて、内装は金！　ガッハッハッハ」なんて言われて。

みうら　そこでまだ魂売ってないのはバーホーベンくらいかなあ。でもあいつは馬鹿みたいに金かけるし、ガハハじゃなくて「バカカ」かな。

伊集院　逆にそこまで意固地に童貞しなくてもっていうのがティム・バートンでしょう。もうちょっとギラーミンしてもいいじゃんって。

みうら　あの人の師匠がジョン・カーペンターって、これはもう童貞バリバリの人だから。あのへんは「カーペンターズ」って呼ばれてるよ。

——**呼ばれてません。**

みうら　でも、いつまでも童貞を意識してるカーペンターは信用できるんだよなあ。

伊集院　あの人たちが映画のクランクアップの打ち上げで宴会をやるとしたら、ギラーミンが「そこでドーン、こっちでドーン」とか言ってるときに、カーペンターは「ここでみんなが疑心暗鬼になったことのショウチョウで……」とかぶつぶつ言ってるわけですね（笑）。

みうら　「ここで混沌《こんとん》とした感じが……」とか。そんなこと語ってるころにはその宴会、もう誰もいないよ（笑）。カーペンターにつかまっちゃった奴だけが残って。

伊集院　残りはみんなギラーミンの宴会に行ってますよ。すげえおっぱいのお姉ちゃんばっかの（笑）。

みうら　キングコングのきぐるみ脱いだらおっぱいドーン、だね（笑）。

伊集院　そこでギラーミンが映画の話したとしても、**「あのシーンでいくらのセットぶっ壊しちゃってさ、ガハハ」**ですよね。もう脇役の名前なんて、前の夜に行ったキャバクラの女の名前を適当につけてる感じするもんなあ。

みうら　一方、カーペンターは映研出身の若い奴みたいなの集めて地味な話してる（笑）。

伊集院　脇役の女に一生懸命世界観の話してたりするでしょう。

みうら　さてそこでキャメロンはある日考えたね。カーペンター路線のままか、ギラーミン路線へ行くか。結局「レオ出しときゃいいんだろ？」になった。実際来日したとき、キャメロンはレオとキャバクラ行って、モテモテだったらしいよ。

伊集院　そのころカーペンターはたぶん、『七人の侍』のフィギュアを必死に探してたりしてたんでしょうね。

みうら　やっぱりオレはカーペンター推したいなあ。

伊集院　ただ、ひとつ大事なのは、ギラーミンを馬鹿にしてるわけじゃなくて、そういう本当のガハハも必要だってことですよ。

みうら　もちろん、そういうガハハがいないとカーペンターが活《い》きてこないからね。

伊集院　だってギラーミンはこうやって名前覚えてるくらいガハハだけど、そこまでいけない中途半端なガハハがいっぱいいるわけでしょう。そんな連中は名前も知らないですから。

9

DTの理想郷はどこにある？

DTとオヤジメディア

伊集院　DTってオヤジメディアに疎いところありませんか？　コンビニでよく見る『上ってなンボ!!』って何のマンガなんだろうってずっと謎だったんですよ。大人になってようやく「ゴルフはあがってなんぼだから」って誰かが言ってるのを聞いて、ゴルフマンガだったのかってわかったんですけど。

みうら　『上ってなンボ!!』『カニバケツ』『青春チンポジュウム』が三大不思議マンガだよね。『チンポジュウム』はもう……。

伊集院　日ごろから「シンポジウム」って聞くたびにニヤニヤしてたんでしょうね（笑）。

みうら　でもそれで編集部に「せめて『青春』つけてください」って言われたパターンだよね（笑）。それはもう、70年の大阪万博のテーマ「人類の進歩と調和」が「ちんぽと調和」にしか聞こえなかったみたいなものでしょう。

伊集院　僕らがなかなか手にとれない〝大人向けのエロマンガ〟もずっと謎のままなんです。急にエロが出てくるから子供のころ気持ち悪くなったりしませんで

みうら　した？　『上ってなンボ!!』では、ゴルフの練習中にプレッシャーかけるためとかいって女が目の前でコーマン広げて立ってたりするんですよ。子供はその何の前触れのなさがイヤで。

伊集院　キスから始まってないからね。いきなりやってるから。

みうら　そこですよ。純然たるエロ本なら、そこに変なゴルフの知識なんか入ってないから違和感ないんですけど、ゴルフマンガにいきなりエロっていうあの感覚が受け止められなくて……。

伊集院　童貞は、そういう**「女体を遊びものにしてる」っていうのが怖い**んだ。山本晋也監督の『未亡人下宿』シリーズとかも、もうギャグになってるでしょう。いまは「エロおもしろ」として切り替えて観られるけど……。

みうら　当時はすごい腹が立ったでしょう。エロを笑いにされるのも気分が悪かったんだ。

伊集院　僕にとっては、それに近いのが「ノーパンしゃぶしゃぶ」ですね。

――　**パンツはいてない女の人がしゃぶしゃぶ作ってくれるっていう、伝説のシステムのお店ですね。**

伊集院　ぱっと聞くとよさそうだけど、食欲と性欲を同居させても気分悪いだけでしょって（笑）。しかも価格が高くなればなるほど肉も女も質上げられていくんだったら、逆につらくなるって。あれは**童貞ドリームとは対極**のものですよね。

みうら　そういうのはもうガハハオヤジのものだからね。

伊集院　女体盛りとか、実際にやられても何も嬉《うれ》しくないでしょう。

みうら　嬉しくない嬉しくない。昔、中村京子ちゃんに雑誌の企画でやってもらったことがあるんだ。芸者のカツラつけてもらって、オレと大槻（ケンヂ）くんとカーツ佐藤の3人で。でも、もうこっちが笑わせなきゃって必死なもんだから、ちっとも面白くなかった。そういうふうに気を使ってる段階でダメなんだよ。

伊集院　ガハハになれない。

みうら　女体盛りとかわかめ酒とか、そういうお座敷芸な感じのエロって完全にガハハの世界だよね。DTはちっとも楽しめない。

伊集院　そういう位置にエロを置けないんですよ。

みうら　おかしいこととエロが別物なんだよ。**ああいう男尊女卑をエンジョイできる**

伊集院　**か否か**が、ガハハとＤＴの大きな違いだと思うな。でも、ジョン・レノンが日本にも「愛」を持ち込んでから、ガハハは急速にいなくなったと思うよ。**「ジョン以降の女体盛りはどうやら、これまでとは別物で嘘だ」**と（笑）。でも、確かにガハハ人口は減ってると思いますよ。羽柴秀吉が最後のガハハじゃないですか？（笑）

――　**あの、城に住んでる大金持ちの人ですか？**

みうら　こないだ会いに行ったんだ（笑）。もぅ本当のガハハ。あの人は天然記念物、トキみたいなものだから。

伊集院　保護しなきゃいけないですよね。選挙にぎりぎり当選しないくらいのことを含めて、きちんと保護しないと（笑）。

みうら　そういえば横山ノックさんも最後にいいガハハ見せたよね。

――　**あれが「いい」ことですか？**

みうら　いいわけないじゃん。ＤＴから見たら絵に描いたようなガハハだってことだよ。僕らにはセクハラなんてできないもん。

伊集院　もうマンガに出てくる「懲らしめられる人」そのままでしたよね。

みうら　でも確かにそういうガハハは子供のころはいっぱいいたし、童貞から見れば

伊集院 怖かったんだ。だから〝ジョン・レノン以降の社長〟とかのガハハだと、できることはもう「接待コスプレ」くらいが限界でしょう。いい女連れてきてコスプレをさせておいて、やらない、くらい。しかもその接待コスプレも一度やってみたらがっかりだった、とか。

みうら 初台《はつだい》あたりの社長は、絶対に女体盛りはしないでしょ。まずシリコンバレー系にはガハハはいないよ。

伊集院 ビル・ゲイツも女体盛りはしないだろうなあ(笑)。

みうら やっぱり昔の「敵」ってガハハだったと思うんだよね。『007』シリーズだって昔は敵はガハハだったのに、最近だと悩みがあるテロリストとかなんだよ。

伊集院 昔だと、何も悩まず女触っていられるようなボスでしょう。それは確かにDTとは繋《つな》がってないところにいましたよね。

みうら そういう連中は小学校のころから吉原とか行かされてるんだろうなあ。すごく堂々としてるんだ。

伊集院 あるテレビのプロデューサーなんですけど、サイパンロケで堂々と女連れてて「こいつ愛人。こいつが来たがったから、ここでロケやることにしたんだよ」ってみんなに平気で言えちゃうんですよ。やっぱり派手な映像が好きだから「巨大イグアナ対ニューハーフ」とか撮っちゃうし（笑）。やっぱりガハハが撮れれば、番組もガハハになりますもん。そこまでいくと、見てて気持ちよかったんですけどね。

みうら　そういうガハハが少なくなったのって、やっぱりバブルはじけたからなのかな。

伊集院　そうか、あれは〝ガハハ景気〟だったんだ。

みうら　ガハハは日本の伝統文化なんだよ。祭りをやる人も、昔からガハハでしょ。

伊集院　バランスが難しいですね。ＤＴも頑張りつつガハハもいられる世の中じゃないといけない。

みうら　戦争は結局ガハハがするものだもの。

――　**なんですか、いきなり。**

伊集院　ブッシュは完全にガハハですよね。ガハハとガハハはぶつかりますよね。たぶんビンラディンはビンラディンなりに、ＤＴっぽい細かいこと言ってると思うんですよ。思想とか計画とか。でも隣でガハハが「じゃあぶっとばす？

ぶっとばす?」って言ってるイメージありますよね。アメリカも、細かいことを言ってる人無視して報復してるようなものでしょう(笑)。

みうら　こういうときDTの意見は聞いてもらえないよね(笑)。

伊集院　DTは恥かかせてやろうとは思うけど、人を殺そうとは思いませんから。「ビンビンラディン」とかいうポルノ撮ってイヤがらせするとか、そういう発想でしょ(笑)。

みうら　オマル師なんて、もうそのまんまの名前で出られるね(笑)。

伊集院　あんな一大事でも、そんなこと考えてるのがDT(笑)。

みうら　それで「ちんちんをカンダハル」で終わり(笑)。そのくらいゆるい戦争だったら平和だな〜。

伊集院　〝恥辱戦争〟。そりゃ平和ですね。

みうら　あっちは宗教的な理由でやれないこともあるけど、アメリカは平気で「トマホーク!」でしょ(笑)。

伊集院　当然この戦争は「性戦」って呼ばれるわけですよね。……しかしこの本、焼かれるでしょうねえ(笑)。

――**そろそろちゃんと活字にしてもいい話をしてください。政治家ってやっぱりガハハがなるものなんですか？（と、強引に話題を変える）**

みうら　童貞が主導権を握った政治なんていままでないよね？

伊集院　そうですねえ。でも**小泉純一郎はちょっとDTっぽい感じ**ありますよ。

みうら　ああ、確かに〝ＤＴ政治〟になって流れは変わった。

伊集院　そりゃあ、政治のプロはガハハですもん、抵抗勢力は大きいですよ。前にテレビで何人かの政治家に会ったんですけど、面白かったのが石原伸晃。あの人はＤＴな感じがするでしょう。他の政治家はみんな――鈴木宗男はもちろん、扇千景までとにかく、周りのことなんか考えないガハハなんですけど、石原伸晃一人だけがわかりやすく話をしよう、そろそろＣＭだから時間を考えて喋《しゃべ》ろうって気を使ってるんですよ。その分、主張がいちばん通らない(笑)。

みうら　田中角栄がガハハの頂点だったんだよね。佐藤栄作くらいまではそうでもなかったんだけど、角栄になって〝70年代ガハハブーム〟がドーンときたと思う。

伊集院　そりゃ『紅白歌合戦』の裏番組の野球拳《けん》が視聴率いい時代ですよ。

みうら　野球拳で女を脱がすなんてもうガハハの発想だよね。自分だってちんちん出したいわけだから、背負うものがないもの。そういう時代に育つと童貞は肩身が狭いんだ。

――怖そうな大人がいっぱいいた時代ですね。

みうら　梶原一騎もその時代だからね。「すごい奴は悪い奴」だったもの。

伊集院　その梶原一騎が、星飛雄馬とかタイガーマスクといった〝童貞ヒーロー〟を作ってたのがすごいですね。〝童貞教育〟されましたよね。

みうら　〝戦後ガハハ教育〟ってやつだね。梶原先生は自分がガハハだから自分以上のガハハは作りたくなかったんだよ。

伊集院　童貞を巧みにコントロールして、ガハハの住みやすい世界を作ってたんですよね。それがいまや政治の世界でもＤＴが首相になったりするし、世の中変わってきましたよね。

みうら　「シリコン」って聞いたらもう、ちんぽに埋めるものじゃなくて「バレー」だから。

ガハハとＤＴのあいだの溝

伊集院　ゲーム業界の人にクラブに連れていかれたりしても、「ホントはこんなとこ好きじゃないでしょ？」って感じなんですよ。彼らは、お金ができたらこういうところで飲むものだみたいな感じで行くし、お店の人もいい対応してくれるんだけど、ものすごくおとなしいか、あるいは間違えてガハハの人よりガハハになってるか。不思議な空間ですよ。

みうら　僕もガハハやろうと思ってそういうとこ行くんだけど、ちっともできないんだ。面白くないんだもの。結局、セックスってやつは体育会系のガハハなんでしょ。

伊集院　ＤＴには無理なんですよ。同じ理由で、３Ｐもできないでしょう。

みうら　文化系はそれを見ながらさらに想像を膨らませるアニマルだからね。

伊集院　男に素っ裸を見られるのはかまわないけど、かちんかちんになったちんぽ見られるのはきつい。ビデオでは見て楽しんでるくせに、実際にはとてもできません。

みうら　最終的なDTの至福の喜びって何だろう。〝童貞理想国家〟って「ハーレム」じゃないでしょう。

伊集院　可愛いカミさんがいるのにフィギュアも集められる……みたいなことでしょうか。お金持って、童貞長かったDTの最終地点のような気がするんですよね。**ホームシアターにたどりつくお父さん**っているじゃないですか。あれが、ホームシアターがすごいなあって思うのは、そこまでして観たい映画があるのかってことと、ゆっくり映画観る時間を持ってるってことでしょう。そういうホームシアターに奥さんと一緒に座ってるお父さんって、DTの中での成功者って感じがするんですよ。

みうら　たぶん童貞期に映画館デートがうまくいかなかったから、「映画館ごと所有する」って発想だよね。もうBOX東中野くらい買い取った気分でしょう（笑）。

伊集院　僕はまだだなあ。ようやくエロDVDを20枚くらいいっぺんに買えるようになったくらいですもん（笑）。

みうら　やっぱり金が必要だということかなあ、DTの最終地点には。

――**金があればガハハにも対抗できる、と。**

伊集院　いや、その使い道のほうが大事なんですよ。金があっても乗りたくもないスーパーカー買うんだったら、それはどうかなって思います。羨《うらや》ましくないし、無理してるのが見えるでしょう。ガハハに負けてるどころか、**金もないのにスーパーカー買ってるヤリチンにすら負けてる**感じがする。童貞は正しい金の使い方を考えなきゃいけないですね。

みうら　荒俣宏さんが『帝都物語』で当てたとき、その金で全部本買ったらしいんだ。それ聞いたときは「かっこいいなあ」って思ったよ。

伊集院　童貞放送作家くんが、大きな仕事でギャラを１００万もらったんですよ。それ何に使うんだって聞いたら、「全部電車に乗ります」って（笑）。

みうら　その〝青春トクトクきっぷ〟な感じがいいね。

伊集院　いや、本当に〝トクトクきっぷ〟探してるんですよ。どこか行くにも意味なく一度降りて次の電車に乗り直したりしてるんだけど、その理由が「そのほうが40円安いから」（笑）。

みうら　それは、新幹線のチケット売って安い電車に乗る吉本興業の芸人的発想とは違うよね（笑）。

伊集院　別に40円がないわけでもないし、高い駅弁食ってたりするんですけど、そういうところに金はかけたくないと。こいついいなあって思いましたよ。

みうら　DTの人って、そんなふうに、ずっと自分が青春だと思ってるところあるよね。

伊集院　いくつになっても、**中3のときの自分にとって快適なこと**を意識してますよね。ベンツ買うよりもビデオデッキ3台あるほうが嬉《うれ》しいとか。

みうら　2枚組のアルバム買うようなね。

伊集院　『ゴルゴ13』全巻買っちゃうとか。

――　**童貞のころにやりたかったことをDTになって実現させていくわけですね。**

みうら　僕も大人になって『男はつらいよ』全巻まとめ買いしたとき、「どうだ！」って思ったけど、誰に言ってるんだよって（笑）。

伊集院　きっと、バリバリの童貞だった自分に自慢したいんですよ。

みうら　**そういうDTの理想って、けっこう寅さんじゃないかって思うんだよね。**寅さんってキープオン童貞だよね。

伊集院　夜這《よば》いかけたらタコ社長だったみたいなことはあったかもしれないですけど（笑）、やってないですよね。

みうら　マドンナとして何度も出てきたリリーって、ストリッパーだよ。天狗《てんぐ》ショーぐらいはやるでしょ。そんな人を相手にしていながらやってないってことは、もう永遠の童貞でしょう。

伊集院　そんな大チャンスにやってないなら他でやってるわけがないですよね。

みうら　〝童貞映画〟の最高峰は『男はつらいよ』だと思うな。あれは童貞の夢でしょう。あっちから惚《ほ》れられて……。

伊集院　でもいかない寅さんに、童貞はシンパシー抱くわけですからね。

DTプロダクション製作

お正月映画『夏だ！海だ！DT物語』

「私立童貞学園」。校名どおり、生徒はみんな童貞である。
そこで巻き起こるドタバタ劇と、彼らが夏に旅したとある島で芽生えた、ひと夏の恋を描く。

監督

阪本順治（メイキングだけ周防正行に頼む）

キャスト

主人公……伊集院光

永遠のマドンナ……池上季実子

その後銅像になる校長……横山ノック（朝礼の挨拶／「パンパカパーン！校長先生のお話です」）

教頭……大泉滉

やたら張りきる体育の先生……山下真司、（候補）高田延彦、藤原組長

学級委員……佐野アナ＆磯野貴理子（ただし教育実習生、しかも全員20歳）

ハカセというアダ名の天才発明小学生……山田五郎

カントクというアダ名の映画部の学生……みうらじゅん（チェック帽子で角刈り、リーゼント）

他のクラスメート

……アホの坂田、
ボブ・ディラン、
岡本信人、
宇津井健、（トウ・シューズで）
井上陽水、
松鶴家千とせ

長ランの番長

……六平直政

フォークソング部の、下駄をはいてるバンカラ学生

……かまやつひろし

主人公の妹／冷たい年上女

……浅香光代

街の治安を守る気の優しいおまわりさん

……えなりかずき

ナレーター　岡部まり

シチュエーション

●オープニング

▽放送部のＤＪから始まる（ややオカマ口調）。悩み相談のハガキ読む……「童貞で困っています」

●コインランドリーに入って回るブラジャーを見つめていたら、ついでに自分も目を回してしまう

●グランドで走っていたのだが、別の場所で走っていたブルマ姿の女子生徒の後ろに、みんなついていってしまう

●ベッドの下にエロ本を隠すのだが、お母さんがどこかにしまってしまい「どこに隠したんだよ～教えてよ～」と泣きつく

●女風呂を覗き見する生徒たち。そこに

おまわりさんがやって来て、「ちょっと君たち」と声をかけているのに、まだ覗きに夢中でおまわりさんだということに気がつかず、「うるさいなー」と無視し、こっぴどく怒られる

●ポルノ映画を観るために、体格を大きく見せようと二人羽織で行くことに。だが、どういう服で行ったらいいかわからないので軍服を着ていってしまい、逆に目立つ

●階段の下から拝見可能なパンチラスポットでパンティーを激写!……しかし結局フィルム抜かれてションボリ

●修学旅行中の旅館。調子に乗って、びんびんに勃ったちんちんを障子に押しつけ、紙を破って障子に差し込んだまま歩く奴が続出! だが1人だけ、障子に開いた穴の大きさが違う……クラスメートのカールくんだった(ダニエル・カール)

●夕食でアワビが出る。その画面に「アワビンビン」というテロップをタイミングよく出す

●クラスメートに蛭子能収さんがいる。彼はマンガ家志望なので、友達に、「ク

ラスの女子のハダカを想像して描け」とせがまれてシブシブ描く。あとでその描かせた絵をみんなで見ながらオナニーする

●初めてのテレクラで女ゲットに成功した伊集院、アルタの前で白いタキシードを着て、バラの花束を持って待ち合わせ。しかし、なぜかクラスメートも全員白いタキシードを着て、バラの花束を持って待っている。西川りゅうじん氏もなぜだか待っている

●憧れのマドンナの下着を盗もうと、夜中、彼女の家に忍び寄る童貞たち。そこにカネ目当てに入ってきた泥棒とばったりハチ合わせ！　生徒たち、一致団結してその泥棒をつかまえる。翌日、この一件について表彰されるため校長室に呼ばれるのだが、みんなは下着を盗もうとしていたことがバレたと早とちりして先に白状してしまい、校長に逆に怒られる……

●キャンプの夜。女子生徒のテントの中を覗き見するが、その途中、肩を叩かれる。叩くその手がなんだか毛深い。「うるさいなー」と手を払いのけるが、

それはクマ。結局クマに追いかけられ、必死で逃げる（早回しで）

●自動販売機でジュースを買ったら、おつりが必要以上に、どんどんどんどん出てきて止まらない。「こんなにいらないよ～」と慌てふためく

●野球部の練習中ホームランボールが警官に当たり、自転車よろける

●憧れのマドンナの下駄箱にラブレターを入れるが、間違えてブサイクな女子のところに入れてしまい、逆にそのブサイクな女から「好きです」と告白される

●ついにやってきた受験シーズン。だが、東大に受かる見込みなどまったくないのに、なぜか〝東大合格！〟のハチ巻きをしている奴がいる

●一方、毎日発明にいそしむハカセ。白い煙の中、フラスコを持ちながら日々あやしいモノを開発。ある日コイルなどのついているオナニーマシーンを作ったが、失敗。「止まらないよ～」。また、透明人間になれる薬を開発したが、中途半端に透明になって失敗

●大八車に伊集院落ちて、乗っていた人

がシーソーのように飛んで乾物屋に突っ込む
●ヘボヘボ野球部。「ホームランを打ったら女とやれる」と言われ、〝オレのバットが火を噴くぜ〟と調子づく
●派手なカーチェイスも取り入れるべく、ライバル校とのカーレースも
▽ヅラ学園（学帽をまったく取らない。うっかり帽子を取ると、みな髪が張りついている）
●内藤陳、赤井英和などが演じる暴走族にカツアゲされる
●東大をめざす近所の予備校生、三郎さん。しかしサクラはいっこうに咲かず、目下、三浪中……そのためいつも「三浪さん」と呼ばれ、そのたびに「いえボ、ボクは三郎です」と言い返す

●夏祭りの夜……
▽気になる女子をゲットするために、ウソ救出劇を仕組む。彼女にカラんでくる友人たち数人。そこへ颯爽と登場し、彼女を見事に助ける……しかし実際に彼女にカランできていたのは友人ではなく、こわいホンモノの不良学生！　すごすごと帰っていく……
▽森で迷って泣き叫ぶ。そこにナレーションで「これはブレア・ウィッチのパロディです」と解説を入れる
●いままでモテない奴だったのに、ある日突然モテモテグループに寝返る奴がいて、モテない奴らと仲が悪くなり血みどろの大ゲンカ！　しかし最後は仲直り。「寝返ったけど、オレたち友達だ！」と抱き合って号泣。夕日がまぶしい。ヘリで空撮ロケ
●そしてとうとう、待ちに待った暑い夏

がやってきた

▽新島に旅行する童貞たち。そこで若い海女さんに恋をする主人公。彼の目がハートになる（CGで）

▽モテモテグループに「おまえ～、ナンパできる度胸あるのかよ～」とカラまれる

●最後は……マドンナと両想いになれて、いつでもやれるシチュエーションなのに、結局やらず、結ばれないまま2人は終わる……泣ける、せつない結末にする

……あれから数年の歳月が過ぎ、彼らももう20歳。成人式を迎えることに。すると当時、いちばん馬鹿にされていた奴が誰よりもやりまくっていたことが発覚！みんなガックリ。

……最後はなぜだかわからないが、出演者全員で踊りながら、らせん階段を降りてくる。特別に、畑中葉子やソフィー・マルソーも踊る

物語の舞台

●カモメが飛ぶ港町
●ほかロケ場所
▽学校……山形県の廃校。廃校のまんま使う
▽夏の旅行先……隠岐、新島

製作スケジュール

●全員仕事を辞めて、引退記念作として製作する。「ディレクターズ版」と「ディレクターズ言い訳版」と両方作る。
●カメラマン……もう年老いた、ベタな撮り方しかできない人をあえて呼ぶ
●資金集め……カツアゲ
●製作発表記者会見は「ナイタイ」独占！『キネ旬』『映画秘宝』もやってくる！
●プロモーションのためフジの女子アナ・内キョン、セミヌード披露。決まり文句は「も～最低!!」

そして……

★カンヌ、ゆうばり独占！
★映画はもちろん大ヒット、やがてシリーズ化！　ラスベガスロケも敢行！
★『「DT物語」を作った男たち』というマンガも『マガジン』で連載スタート！

10

もう一度、童貞に戻りたい

童貞に戻してくれるなら……

みうら　つくづく、いま童貞じゃないのが悔しいなあって思うんだ。

伊集院　本当ですよ。僕も来週あたりラジオのフリートークで、「すいません、童貞捨てました！」って、言ってみたいですよ（笑）。そのときのネタなんか、ものすごいことになってるでしょう。

みうら　もう、その女のことも必死で言うよね。

伊集院　その放送はもう永久保存版ですよね。悔しいなあ。

みうら　いま神様がおりてきて、これから「毎日やれるプレイボーイの道」と「童貞の道」どっちか選ばせてやるって言われたら、間違いなく童貞の道取るよね。

——普通は、プレイボーイの道に行きたいと願うような気がします。

みうら　もう「千人斬り」なんて興味ないもの。そもそも冷静に考えると1000人って、ものすごく多いよ（笑）。1000人客がいたらアマチュアバンドだってプロになれちゃうからね。

伊集院　それが「十人斬り」でも「百人斬り」でもなく、いきなり「千人斬り」って

みうら　いうのがすごいですよね。DTからしてみると、逆に「そんなにいらないです」な人数ですよね。

伊集院　千人斬りしないと罰金払わされるようになっても、僕は罰金払うほうでいい。もう、どうせ毎日やるなんてきついし。

みうら　童貞に戻してくれたほうがいろんなことに飽きませんもんね。

伊集院　いきなり好きな子に結婚の話とかして、嫌われちゃうかもしれないけどね。**「結婚の話をしたら嫌われるかも」という発想は、童貞にはなかった**ですよね。女の人は結婚もしないでやる人は嫌いなんだろうと思ってましたから。僕も若いころつきあった女の人にはみんな「結婚しよう」って言ってましたね。そうしたら「え、それは……」みたいに言われて、逆にギクシャクしちゃったり。

みうら　映画館行くと、あのダイヤモンドの宣伝でみんな大笑いするでしょう。でも海で指輪探したりするのって、童貞の発想だから僕にはよくわかるんだ。あれがしたかったんだから（笑）。

伊集院　あれで女が喜ばないわけがないって思ってますよね。

みうら 映画館だとみんな馬鹿にしたように笑うでしょう。あれ実は、女の子が先に笑うから男は無理矢理一緒に笑ってるんじゃないかな。女が笑うからああいうのは恥ずかしいってわかるけど、女の人が笑わなかったら、僕だっていまでもギター弾いてラブソング必死に歌ってたと思うよ。おかげで僕の才能、ひとつ摘み取っちゃってるかもしれない。**オリジナル曲作ってテープ渡したら笑われた**こととかあるんだ。僕がいまだにCD出したりしてるのはそのときの恨みだから。

—— **あれだけ出してるということは、ずいぶん深い恨みですねえ。**

みうら ……まあ、そうなんだけどさ。「笑えないようにしてやる」って気持ちだから。

「童貞マーケット」

伊集院 僕みたいに**童貞失ってモテないほうが、童貞よりも絶望的**なんだけどなあ。

みうら 男はわりと必死だからね。でも意外と女の人ってそれを軽く笑ったりするんだよね。

伊集院　そういう意味では、童貞を認める女は、いろんな意味でいいんだろうなあ、と思いますね。こないだテレビで『恋のから騒ぎ』を見てたんですよ。そうしたら、いつもつまんないこと言う女が、「好きな男のタイプは？」って聞かれて「童貞」って答えたんですよ。いきなり「こいついい女だなあ」って思っちゃって（笑）。

みうら　いい女だよ、それは。

伊集院　そしたら次の日、ラジオに同じようなハガキが15枚くらいきてるんですよ（笑）。だから思ったんですけど、これからのアイドルはプロフィールに「**好きなタイプ：童貞**」って書いたほうがいい。だって22～23歳くらいでグラビアに出ている女の子が、やってないとは誰も思ってないでしょう。そこで逆に「私はエッチに関してオクテなので、童貞の人とおつきあいしたい」って書いてあったら、そいつはすごい人気出ますよ。あるいは27歳くらいで、「エッチは童貞の人に教えながらするのがいちばん好き」とか書いてあったら……。

みうら　もう大人気だ。

伊集院　そいつの写真集の見方も全然違うでしょ。発行部数もすごいでしょう。**童貞**

マーケットをもっと意識したほうがいいのに。

みうら そもそも写真集を買ってる奴は童貞ばっかりなんだから。

伊集院 そういう童貞マーケットで仕事してる人たちは、童貞に対するケアが足りないですよね。芸術性上げても童貞が喜ぶわけじゃない。明らかに童貞を意識して、それでウチのタレントが汚れる、なんて思ってる事務所は認識が甘いですよ。そもそも**女の人は「少年っぽい人が好き」って言うけど、それは「童貞っぽい」ってことでしょう**。女が「こんなロマンチックなことしてくれるんだ」ってことは、だいたい童貞の発想であることが多いのに。

みうら **童貞は優しいからね**。

伊集院 優しいですよね。モテない自覚があるから。あとは空回りさえ直れば（笑）。

みうら あの〝からまん棒〟がイタいんだよね。

伊集院 男のタレントも同じです。ないと思うけど、もし何年か先にSMAPが人気なくなっちゃったとしても、そのとき草彅くんあたりが「オレ、隠してたけど実は童貞なんです」ってボソッと言ったら、それだけで男性人気は盛り返しますよ。

みうら 「あんな人気者なのに」っていう意外感がメリットになるからね。

伊集院　女性誌も発行部数が落ちてきたら「いま童貞が熱い！」みたいな特集組めば、意外に男が買って盛り返すかもしれない。あと映画は「**童貞料金**」があってもいいと思うな。

みうら　あったほうがいいね。映画だって、童貞だと知らなくて楽しめないこともあるんだから。

伊集院　逆に、より楽しめちゃうときは少し高くしておけばいいんですよ。『ときめきメモリアル』なんか、「一般７００円、童貞１８００円」（笑）。

みうら　童貞の男と映画行くと彼だけ安いっていうのもおかしいよね（笑）。レディースデーみたいに「**童貞デー**」がある。

――恥ずかしくて申告できないでしょう！

伊集院　じゃあ「**童貞パス**」を最初から持ってればいいんだ。バスや電車も安く乗れたりする。だって正当な童貞は、女の人にくっついちゃ悪いと思ってるし、逆にあらぬ疑いをかけられちゃまずいと思ってるから、縮こまって電車に乗りますから。よく女の人で勘違いしてるのが、「電車で隣にいたら童貞は触ってくるんじゃないか」って思ってるんだけど、それは童貞をこじらせたほんのわずかな人たちだけで、本当の童貞は「オレは触ると思われてるんじゃないか」って、ちょっとでも怪しいことをしないようにしようって体を硬くしてますよ。

みうら 席座っても足広げてる奴は童貞じゃないからね。「童貞専用車両」作ってあげないと可哀想だな。しかしここまでくると、童貞は国家的な問題だね。

伊集院 うまくやると「童貞雇用」ができて、景気回復ができるかもしれません。

みうら 日本の童貞率はいまどうなんだろう。

——**中学生ぐらいでも、もうバンバンやってるような話を聞きますよね。**

みうら いや、実は昔とそんなに変わってないんじゃないかな。やる奴がものすごくやるようになっただけで。

伊集院 ああ、5回以上やってる奴と童貞がものすごく多くて、真ん中の「1回しかやってません」層が少ないのかもしれないですね。

みうら いまこそ「童貞モア・リポート」が欲しいね。

伊集院 国勢調査でやるべきですよ。

みうら あと呼び名を変えてあげたほうがいい。僕らみたいな、童貞喪失はしたけどヤリチンでもなくて、童貞心を失ってない大人は、とりあえず「DT」と呼

伊集院　ぶことにしたけど、「童貞」そのものも変えたほうがいいよ。せめて「**童亭**」にするとか。
平仮名で「どうてい」って書いてあると、ちょっとした日本料理屋かなって思うでしょうね（笑）。

――口に出したら同じです。

みうら　まず「貞」の字がよくないんだ。浮かぶのは「王貞治」の貞ぐらいでしょ。

伊集院　よくなくはないですけど（笑）、まあ真面目なイメージですよね。

みうら　響きが悪いんだよ。やっぱり濁音だよね。「とうてい」だったらまだよかったのに。たいがい悪いことには濁音が入ってるんだ。

伊集院　本当だ。放送禁止用語もだいたいそうですよ。デブ、チビですら濁音だもの。

みうら　濁る音ってマイナスなものに使うものなんだよ。童貞と包茎はくっついたイメージあるでしょう。ズルムケの童貞だっているわけだろうし。

伊集院　でもズルムケで巨根の童貞って、逆に救われない感じありますよね。

みうら　リズム感の悪い黒人みたいなイメージあるよね（笑）。

伊集院　ハゲでデブで眼鏡なのに頭が悪い、みたいなね。「デブで眼鏡だからって、パソコン詳しいと思うなよ！」って（笑）。

みうら そういう童貞が包茎だと思われるような、あの不潔なイメージは「童貞」って言葉のせいでもあると思うんだ。童貞のほうが清潔なのにね。

伊集院 潔癖ですよ。童貞の性病感染率なんて異常に低いですよ、きっと（笑）。

みうら だから「童貞」も早く新しい、濁らない呼び名に変えなきゃいけないんだ。でも「チェリーボーイ」っていうのもなんか馬鹿にしてる感じあるでしょう。

伊集院 うまい呼び名は早急に欲しいところですね。

――**あんまり人に意識されないのがいいですね。**

エイリアンによる〝金玉〟征服説

伊集院 しかし、社会は童貞力を甘く見すぎてますよ。見せるブラとかあるでしょう。「こっちのストラップは見せていいけど、こっちはダメ」とか、女の子の側にはルールがあるんだろうけど、そんなルール、**童貞力の前では無力**ですから。「あの女はやりたいに決まってる」だけですよ。モテる男は余裕で「それ、セクシーでいいよね」くらい言うかもしれないけど、原宿にたまたまフィギュアを買いに来た童貞だっているわけですよ。

みうら　女の人ってそういう「変態」と思われがちなものが嫌いだよね。

伊集院　「変態っぽくて普通の人」はすごく好きなくせに、変態そのものは嫌いですね。「こんなに変態だとは思わなかった」なんてワケのわからないこと言われたりしますもん。

みうら　度合いがあるんだよ。

伊集院　「変なものが好き」とか言うから気が合うのかなと思ってフィギュアとか見せたら、すごく引かれたなんてことありますよね。

みうら　女の人は、基本的に違う生き物だからね。

伊集院　僕は、**金玉っていうのがエイリアンみたいなのに乗っ取られてるって説**を唱えてるんですよ。

みうら　ああ、あれは寄生してるんだ。パラサイトだ（笑）。

伊集院　アイツがぼーっとしてるときだけは、僕たち男は自分の意志で動けるんですよ。きっとアイツの仕業ですよ。あれをうまいこと切り離すと、オレたちにもコーマンがついてるんじゃないかと思うんですよね。

みうら　アイスの棒でうまく外していくと出てくるんだ（笑）。

――あの……、**本当の童貞でもそんなこと言わないと思うんですけど。**

伊集院 だって、「受験も近いから勉強しよう」とか、すごく正しいことを考えていたはずなのにアイツが「はい、いまから僕が活動しますよ」って動き出すと、いつの間にか言いなりになってるんだよ。

みうら 「亀頭」っていうくらいだから、脳ミソ入ってるよね。

伊集院 夜とか気づかないうちに、近所中のちんぽが集まって会議とかしてるかもしれないですよ。

——この本ももうすぐ終わりですから、もっと実りのある話をしてください。

伊集院 オレの中ではもう理論的な結論はそれしかないんだけどなあ（笑）。

みうら でもいわゆる釈迦《しゃか》の教えの「悟り」っていうのは、それから逃れることだからね。コイツが執拗《しつよう》に追い求めるものを外す考え方が書いてあるんだよ。執着を捨てろと。

伊集院 家も捨てろ、金も捨てろ、ですよね。

みうら でもね、気がついたんだ。**それはね、面白くないんだ**（笑）。誰か一人でも釈迦に「それ、つまんないですよ」ってつっこんだら釈迦ももう一回悟ったのに。

伊集院　「禁欲」に無理を感じなくなれば立派な人になるって、その思想にみんな支配されちゃってますよね。本当に、みうらさんみたいに誰かがつっこんでくれればよかったんですよ。弟子でいちばんフランクな奴とかが、ノリツッコミで「そうやなあ、女にモテなくてもええし、エッチもせんでもええし……って、それつまらんがな！」って（笑）。

みうら　さまぁ〜ずの三村さんが欲しかったところだよね。「つまんねえよ！」が（笑）。

伊集院　「エッチ否定しちゃったよ！」（笑）。

みうら　僕らが童貞のころには「面白いか面白くないか」っていう発想がなかったんだよ。

伊集院　でもそれって、童貞も一緒ですよね。つっこまれてないからどんどん……。

みうら　そうそう、自分の考えひとつで悟った気になっちゃってるからね。「やってねえだけじゃん」って言われたらおしまいなんだけどね（笑）。

伊集院　童貞こじらせて犯罪に走っちゃう人は、そのつっこみが誰からもないまま生きちゃったんですよ、きっと。自分のパラダイスを無理矢理実現させようとしちゃってるからいけない。

みうら　本当の童貞力には「**童貞を俯瞰《ふかん》で見る**」のが必要だからね。

伊集院　ええ。「**童貞をたしなもう**」ですから。

――……それが結論ですか？

みうら　「**生まれたときはみんな童貞だもの。みつを**」みたいなのがあっちこっちのトイレに貼ってある世の中になるといいのにな（笑）。

11

「童貞力」を高めるために

本書の対談をとある店で収録中、店内で近くに座っていた20代前半の女性が2人、「サインいただけますか？」と話しかけてきた。ちょうど「童貞であることは女性にはバレるのか？」「これは女性の意見を聞きたいところだね」と語り合っていたところだったので、サインするのと引き換えに、彼女たちに軽くその質問をぶつけたのだが、その答は予想以上で……。

〝リズム〟

伊集院　サインするのはかまわないんですけど、ひとつ取材させてもらってもいいですか？　いま童貞の本を作ってるんですけど。

ファン　はい、なんでもご協力します。

伊集院　エッチしてるときに、「この男は童貞じゃないのか？」って思ったことあります？

ファン　ありますあります。

伊集院　あるいは「童貞じゃないだろうけど、童貞っぽいな」って思ったことは？

ファン　それもあります。

伊集院　それはどういうときに思うものなの？

ファン　ブラのホックを外すのが下手なときです。（即答）

伊集院　（みうらに）バレてるんですよ。

みうら　バレてるんだね。

ファン　あとは**リズムがない**ときですね。

みうら　ああ、リズムかあ（笑）。

伊集院　リズムですよ。ほら、僕らは行為のひとつひとつはシミュレーションしてるけど、そういえば「流れ」でシミュレーションしたことないじゃないですか。

みうら　いま、すっと出たね。リズムかあ……。

（サインを終えると、ファンの女性たち去る）

伊集院　僕は昔、奇《く》しくも円楽師匠に言われたことがあるんですよ。「おまえは噺《はなし》はうまいが、それを繋《つな》ぐリズムができてない」って。点ばっかりで線になってないんですよ。

みうら　『**点と線**』だったのか。松本清張はそれを伝えたかったのね。

伊集院　童貞は線になってない、と。

みうら　彼女があれだけすぐに答えたということは、何度もそういう体験をしてるか

伊集院　らだよね。女の人がもっとそういうことを言ってくれてたらなあ。いや、感動しましたよ。

みうら　コンドームの装着ひとつの動作でも難儀してたもの。

伊集院　よく女性にコンドームの試供品を配るけど、男にこそ配るべきですよね。

みうら　ブラの外し方だって、ホックがどういう構造になっているかわからないし。

伊集院　わかってもうまく外せなかったりするし。

だって、僕らは実際にやる前に、男同士でブラ外す練習とかしたじゃないですか。それで初めて女性を相手に、たるませてすっと外せたときだって「できた！」って感動したけど、それも「ブラを外す」っていう「点」でしょう。できて次に、っていう「線」ができてないんですよ。

みうら　なんでそんなことを学校で教えてくれないんだろう。ちなみに女のパンツは「足の親指にひっかけてすっと脱がす」でいいの？

伊集院　あれはよく足をつるんですよね。でもその前にみうらさん、そのへんのひとつひとつの言動を反省してくださいよ。そういうことがまた「点を極めて線にならず」なことばっかりですよ（笑）。

みうら　そうだよね。やっぱり**うっかり童貞喪失した気持ちになってたけど、ちっともしてなかったんだ**。

伊集院　もう童貞そのものですよ。バッティングセンターにばっかり行ってるから、そこそこ打てるんだけど、ケースバッティングができなくなってるのと同じですよ。ランナーが何塁にいるときはどうするか、というのができないのに、それで140キロの球を打てたって何の意味もないんです。もう**「練習馬鹿」そのもの**ですよ。

みうら　彼女というグラウンドでのプレイってことを忘れて、素振りばっかりしてたのか。この本、もうタイトルは「リズム」でいいよ（笑）。

伊集院　学びすぎてリズムをなくしてるんでしょうね。ヤリチンは何も知らなくても実践で覚えていったんだろうなあ。

みうら　そういえば僕、リズム感悪いわ。手拍子とかもうまく叩《たた》けないもの。

伊集院　ドラムをやらされてもバスドラまで叩けない。ヤリチンはもう体に、ジャズのリズムとか入ってるから両手足使って。

みうら　ドラマーが持ってるあのブラシみたいなのも余裕で使ってるよね。

伊集院　僕たちは結局、自宅録音なんですよ。それをひとつひとつ打ち込んでる。

みうら 若いうちはドラムをやったほうがいいってことだよね。あっちもこっちも動かして、しかもリズムを作るわけでしょう。
伊集院 そういえばドラムってバンドの中でも目立たないようでいて、実はヤリチンの匂いがするもの。
みうら 誰があんな、目立たないし金かかるものやりたいんだろうって思ってたけど、そういうことだったんだね。
伊集院 だって世良公則&ツイストのドラムは、名前からして「ふとがね金太」ですよ(笑)。
みうら リンゴ・スターだって鼻でかいからね(笑)。だからいまラップやってる奴はモテるんだよね。あれはリズムだけでしょう。
伊集院 しかも踊りながら。
みうら 家で韻を考えるのは得意なんだけどなあ。
伊集院 だからそれこそ「点」ですよ(笑)。
みうら せいぜいできてギター+ハーモニカだからね。ダンスなんか当然できないよ。「シャルウィダンス?」なんて聞かれたら、と思っただけで、ドキドキするよ。

伊集院 いまのみうらさんの言葉ですごく納得しましたよ。クラブみたいなのでも、それこそ社交ダンスでも、オレは見てると気持ちが引くんですけど、それはつまり**「ダンス」自体がヤリチン組のもの**だったからなんですね。

みうら 彼女が男のクルマに乗ったっていうだけで嫉妬《しっと》するけど、同じように男とディスコ行ったって聞いただけで「やられたのか？」って思ってしまうのもそういうことだったんだね。

伊集院 僕なんか落語ですから、もうそれだけでどれとも繋がってないですよ。

みうら 最初から座ってるもんね（笑）。リズムって言われたらそりゃそうだ。もうそれしかないもの。

伊集院 …………。

みうら …………。

――**あの、そういう童貞っぽさこそが大事だというのがこの本の主旨だったと思うんですけど……。**

みうら （気を取り直して）そうだよね。

伊集院 童貞力をキープしようということですからね。その点を極める感じがおかしくていいと。

みうら　でも、そういうDTの童貞力がどのくらいあるのか、計れるようになると面白いのにね。「あなたのDTレベルはこれくらいです」って。

伊集院　それこそ「童貞センター試験」が最適じゃないですか。

――**それは童貞っぽい解答をすると高得点がもらえる試験なんですよね？**

伊集院　そうそう。これは前にみうらさんに模範解答をもらった問題だけど、たとえば、「明日《あした》、彼女が初めて自分の部屋に来ます。前夜までに備えておくことは何か述べよ。当然、彼女との関係はプラトニックとする」という問題。

みうら　ああ、あったねえその問題。童貞には大問題だよね。

伊集院　そのときのみうらさんの模範解答、ご自分で覚えてます？　「**冷蔵庫を確認して母親が自分の分も入れて3人分用意してるケーキやプラッシーを、一人分捨てる**」（笑）。

みうら　ほら、自宅だからその場にオカンが入ってくる恐れがあるんだ。まず彼女が来るチャンスなんてないのに、先にそんなこと心配してるのが童貞だよね。

伊集院　ラジオでこの問題をやったとき、リスナーのハガキで意外に多かった解答が、「さり気なく見つかりそうなところにエロ本を隠しておいて、わざと見つかって『こんなの読んでるの？　サイテー』と言われたら、『そりゃ男だから

みうら　いつだって考えてるよ。いまだって』と言って、それをきっかけにその後……」っていうのでしたね。童貞はそうやって、ちょっと背伸びしてワルぶってるところを見せたいんだよね。**現場では絶対に無理**なのに。

伊集院　あとおかしかったのは、「天井に蛍光の星形のシールを貼っておく」という解答があったんですよ（笑）。

みうら　それはすごいなあ。電気消しても、それで話題が持つわけだ。

伊集院　さすがにDTにはそこまで思いつきませんよね、本当の童貞でないと。やっぱり本当の童貞のいい答のポイントは、「ディテールが妙に細かい」「相手の動きを決めつけてる」なんですよ。

みうら　**停電とかあるといいことありそう**だもんなあ。

伊集院　童貞発想ですねえ（笑）。あとこういう問題もありますよ。「女の子が出すエッチOKサインとは何か？」。それで「ピアスをつけてきたらオッケー」っていう答とか（笑）。

みうら　「ノースリーブ」っていうのも、していいんでしょ？　それで何か上に羽織られたらアウトなんだよね（笑）。

——この試験は本当の童貞だけでなく、DTも受験していいんですか？

みうら　もちろん。DTとしてのセンスも計れるものだからね。本当の童貞でもモテ組のような解答をしたら、それは童貞力が低いっていうことになる。たとえばさっきの「彼女が部屋に来たら」の問題で、「一緒にビデオ借りに行くと楽しいね」とか「食材を買って自分で料理を作ろうと張りきっちゃうかも」なんて答えたり、「そんなのは、女の子の考えもあるし、先に決められないよ」とかね。

伊集院　童貞やDTは聞かないもんね。女の人に何したいかなんて。

みうら　じゃあ、こういう問題はどうですか。**「乙葉と優香に同時に好きと言われたらどうするか？」**（笑）。

伊集院　それはもうその問題を考えてるほうが童貞だよ（笑）。

みうら　でもどうします？「両方とも傷つけず」というのが条件ですよ（笑）。

伊集院　ヤリチンは「ラッキー、両方とも」って思うんだろうけど、童貞やDTはどっちが好きか真剣に考えるでしょう。まずは2人のことをよく調べないと。

伊集院　「結婚しても芸能界の仕事って続ける?」ってそれとなく聞いておくとか。

みうら　あと胸が大きいのを彼女たちは気にしてると思うんだ。それを、素敵だよって言っておかないといけないよね。

伊集院　コンプレックスを褒めろ、ですね。童貞辞典に書いてありました(笑)。

みうら　あとは……「本名って何?」(笑)。だってベッドインしたとき、「優香!」って呼ぶわけにはいかないからね。

伊集院　みうらさんの模範解答は、本当に模範なのかどうかわからないところがいいですよね(笑)。

みうら　「痴女は何をしてくるか書きなさい」って問題はどうかな。

伊集院　それを三題噺《ばなし》にするのはどうです?

――三つの無関係な言葉を出して、それを全部使ってストーリーを作るというやつですね。

伊集院　たとえば「痴女」「電車」までは簡単に想像できるけど……。

みうら　三つ目を「ワールドカップ」とか「銅像」にするってことだよね。

伊集院　それはそうとう難しくなりますよ。「痴女」「二宮金次郎の銅像」「ワールドカップ」を必ず使ってエロ小説を書きなさいと言われているのに近いですね。

みうら　まあ順当に考えていくと、「ワールドカップ期間中で電車が混んでて、痴女に会ったんだけど、あんまり早くイクとかっこ悪いから二宮金次郎を思い浮かべて」という流れですよね。

伊集院　「俺はワールドカップの選手だが」で始まるのはどうかな（笑）。

みうら　国とか都市の名前を入れるのはどうですか。「スウェーデン」だとわかりやすいから、「痴女」「サンフランシスコ」とか。微妙にどう繋《つな》げればいいかわからないくらいの名前を。そこで最後にまったく関係ないものを入れる。

伊集院　「痴女」「サンフランシスコ」「タモリ」かな。

みうら　それは難しい（笑）。

伊集院　「サンフランシスコに行くときの飛行機で、痴女を挟んで自分とタモリさんが座っていた」かな。1行で終わっちゃったよ（笑）。

みうら　でも童貞力が高いと、その痴女とタモリさんの関係を考えて悩んだりしますよね（笑）。そこで手を出したりしていいものか、悶々《もんもん》としてる姿を克明に描写してきますよ。

伊集院　じゃあこの本は最後に、こういう試験問題を載せて、読んだ人に応募してもらうというのはどうかな。成績のいい人にはDT証明書を発行するとか特典もつけて。

伊集院　「DT何級」とか書いてあるわけですね。応募がいっぱいあると面白いなあ。それを見るだけでおかしいと思うんですよ。

みうら　それでその解答集で『DT2』を出せばいいんだよ。おかしいだろうなあ、もう解答欄の何倍もびっしり、何度も書き直したような答が書いてあるんだ。

伊集院　解答欄にぴったり収まるようにワープロできれいに打ち込んであるとか。

――でも、『DT2』で発表となると、読者の方も頑張って書いてくださるでしょうね。

みうら　それにはまずこの本が売れなくちゃいけないんだけどね。

伊集院　いや、童貞やDTだと「書きたいけど載せてほしくない」人が多いと思います（笑）。

童貞名詞VSヤリチン名詞

童貞とヤリチン、名詞で分類すると？

世の中のいろんなことが実は、大きく分けると「童貞っぽさ」と「ヤリチンっぽさ」を持っていると気がついた。ここで取り上げたものが、そのまま童貞だとかヤリチンだとか言っているのではありませんし、収集結果のほんの一部です。

童貞名詞	ヤリチン名詞
映画監督	テレビディレクター
SM ★1	青姦
エロ	テロ
王貞治	長嶋茂雄
オール阪神	オール巨人
彼女に黒の下着をプレゼント ★2	ナンパした女が黒い下着
クワガタ ★3	カブトムシ

★1「SMはDTのもの。やらないで観賞することだから」（みうら）

★2「初めていたす女の人がいきなり黒をつけてたらDTは怖くなる。でも、慣れた人には黒でいてもらいたいと思うのもDT」（みうら）

★3「いちばん強いカブトムシがいいに決まってるというのはヤリチンの論

ゴクミとアレジ	イチローと弓子夫人
『ゴジラ』最新作	ゴジラUSA
『ザ・ベストテン』	『うたばん』
ソープランド	キャバクラ
中央線　★4	小田急線
テレビ東京	フジテレビ
西川りゅうじん	中谷彰宏
バイク　★5	クルマ
爬虫類に詳しい	爬虫類を飼う
フェラチオ	クンニ
冬のニューヨーク	夏のハワイ
『不良番長』の観客	不良番長
フロンティア メンソール	ハイライト
ミニストップ　★6	ローソン
モンゴル旅行	バリ旅行
野球観戦	サッカーをやる
ヨドバシカメラ	ビックカメラ

理。DTはクワガタのフォルムの良さを語るもの」（伊集院）

★4「中央線沿線にはDTの街しかない。新宿から中野、高円寺と全部DT文化。国分寺に墓もあるし、人生のすべてを中央線で終われる。オレも中央線沿いにしか住んだことがない」（みうら）

★5「バイクは意外にDT名詞。DTが思い込んでるヤリチンのアイテム、というイメージ。本当のヤリチンはバイクでいい思いをしたら、その延長でクルマにいくのに、いつまでもバイクにこだわっちゃう感じがDT」（伊集院）

★6「誤解しないでほしいのは、『ミニストップ』はえらいということ。アイデア豊富だし料理人が弁当作ったり。でもそれが〝考えすぎ〟な感じがあるのがDT側」（伊集院）

12

甘えるな、DTたちよ！

〜2013年文庫化記念・新規対談 in 紀尾井町〜

DTの思わぬ批判

みうら もうこの本が最初に出てから11年も経ったんだって。

伊集院 あのころの読者で童貞だった人って、11年経ってどのくらいがセックスを体験したんですかね。

みうら そこ知りたいね。当時サイン会をやったよね。「俺もDTなんです！」って人といっぱい握手して、何だか不思議な気持ちになったもんだよ（笑）。

―― しかし絶賛もあれば、批判もあったと伺いましたが。

みうら 「みうらは**童貞じゃないくせに、童貞を語るな**」っていうね（笑）。

伊集院 僕も言われましたよ。「**おまえ結婚してるじゃねえか**」って。でも最初にちゃんと、この本は童貞気質について語ってるんであって、やってもそれは変わらない奴がいる、変われない僕らがいる、って話だって書いてるのに。それで「みうらも伊集院もやってるくせに」って言われてもねえ。

みうら そりゃやってるよ、子供もいるんだもん（笑）。この本はさ、かつて童貞は童貞を語れなかったけど、ＤＴにすれば語れるんじゃないかって提案。

伊集院　ＤＴは童貞気質の悲喜こもごもを面白がっていこうよっていう提唱ですからね。

みうら　男はみんな最初は童貞でしょ。しかもこの本は、互いマイ童貞の話だから。

伊集院　そうなんですよ。自分の童貞気質にチャチャ入れてるのに。

みうら　ま、ＤＴが少しブームになったってことだよね。他のところでも童貞のことを語りだしたでしょ。

――確かに数年後、童貞をテーマにした映画が公開されたり、「こじらせる」という言葉も普通に使われるようになりました。

伊集院　僕で言えば「中二病」、みうらさんで言えば「ゆるキャラ」「マイブーム」みたいに、ＤＴもどんどん引用されて間違って使われていくうちに、出だしの僕たちが怒られるっていう。

みうら　まあ大なり小なりブームって、そういう誤解が発生したときに起きるものだもんね。そういう意味では、「あいつら童貞じゃないくせに」っていう批判は、認めてもらったってことかな。おまけに「ヤリチンのくせに」とまで言われ、ちょっと嬉《うれ》しかったよ（笑）。

伊集院　モテモテになりたくてずっと空回りし続けてるのに、憧《あこが》れの称号をアンチの人からもらうっていう（笑）。

セックスには向き不向きがある

――11年の間に、お二人のDT体質が変わることはなかったですか？

みうら DT気質はいくつになっても治らないし、それは女の人に対してだけじゃないんだ。たとえば今回のこの対談、ホテルニューオータニの高そうなレストランの個室を用意してもらったでしょ。もうね、来るだけであがってるから（笑）。

伊集院 あがりますよ。着いたとき、ホテルマンがドア開けてくれるじゃないですか。あのときどんな顔します？　あんまりお礼を言い過ぎるの変だし無視もできないし。

みうら 何度も頭下げちゃうよ。そういうときは「オレは板垣退助だ」くらいの気持ちになって、必死にイメージトレーニングするよ。

伊集院 偉い男のイメージを借りるんだ（笑）。でも確かに、慣れない現場の振る舞いって、必ず誰かのイメージを借りてますよね。童貞じゃない人の。あとこうういう店で、手を叩《たた》いて店員を呼べる男っているでしょう。

みうら　わぁー、できない。まず上手に音が出ないもの。ふだんから叩き慣れてないからね。

伊集院　スカスカな音しか出ないですよ。パンパーンッて呼べる奴は、セックスしてようがしてまいが、DTじゃないなって。

みうら　手を叩ける男はセックスのときもいい音出すんだと思うよ。僕は未だ小さい音しか出せないし、出れば出るでそれが気になってセックスに集中できないんだ。

伊集院　そんなことに気を取られてる段階でDTですよ（笑）。

みうら　それどころか腰の動きとは半テンポ遅れて金玉が揺れてる映像まで、頭の中ではっきり見えてるよ（笑）。

伊集院　昔のレースゲームって、運転席じゃなくて上空からの絵だったじゃないですか。セックスのとき、バックでしたら実際に見えてるのは女の背中なはずなのに、なぜかあのアングルで見えてるんですよね（笑）。

みうら　鏡ばりのラブホテルでやってるときの自分の姿を見ると急に萎《な》える、あの感じ。

伊集院　思ってたのと違うんですよね。バイクに乗って信号待ちしてたら、不意に他の車のミラーに映ったバイク込みの自分の姿が超かっこ悪かったあの感じ。思ってたのと違う！

みうら　全く違う（笑）。それって何なんだろうってずっと思ってたんだけど、そもそも、**セックスに向いてなかった**からじゃないかって思うんだ。

――**セックスに向き不向きがあるんでしょうか？**

みうら　やるのは誰でもできるけど、向き不向きは何だってあるでしょ。50代半ばになって、僕はやっぱり向いてないと思った。オナニーはとても向いてるけど。

伊集院　出世魚的に言うと、**オナニーを育てればセックスになるわけじゃない**ですからね。凝ったオナニーになるだけで（笑）。

みうら　童貞のころは、100のオナニーが1のセックスになると思ったけど、違うんだってね。

伊集院　そもそも免許が違うんですよ。

みうら　原付を取っても、高速は走れないようにね。

伊集院　あとやっぱりセックスは体育会系だけど、オナニーは文科系でしょう。

みうら　その部活ではかなり活躍したけどね。もう飛び級くらいだったよ（笑）。

伊集院　「おまえらすぐレギュラーだ」でしたからね（笑）。それですぐにセックスもレギュラー取れると思ってたら、「それは違う部活だ」と。僕たち、野球部ではなく、バッティングセンター部だったんですよ（笑）。

みうら　（笑）。バッティングセンターの的に当てたからって、野球がうまいわけじゃないもんね。つまりセックスはできることはできたけど、体育会系の真似をしてただけなんだよ。

伊集院　あと若いうちは「とにかくやりたい」も強いから、向いてないことに気づかないんですよね。

いまだに風俗は怖い

みうら　11年で変わってないことのひとつが、風俗なんだ。やっぱり行けないんだよね。まだ「それは愛じゃない」とか面倒なことを思ってるんだと思う。そんなこと考えずに行けばいいのに。

伊集院　行ったら風俗嬢がオレのことを好きになるんじゃないかって、ありえない想像はするんですけどね（笑）。

みうら　逆にこっちが好きになっちゃったらどうしようとかね（笑）。

伊集院　ラジオでこういう風俗の話をすると、風俗嬢の人から「伊集院さんが来たらサービスしますよ」とかメールがきたりするんですよ。本当に行ったら「まんまと来やがった」って思われるのもわかってるから行きませんけど、それでも放送が終わって、そのメールはしばらくじっと見つめてます（笑）。

みうら　そんなことを考えてるうちに、気がつくと死んでるんだろうね。

伊集院　年取ってから、「ああやっぱり一度風俗行っておけばよかった」って後悔するんですかね。「顔が知られる前にイメクラに行っておくんだった」ってよく思うんですよ。バレたりいろいろ言われたりするのも嫌ですけど、せっかくテニス部の顧問と生徒って設定でやってるのに、途中でイメクラ嬢がうっかり「伊集院」って呼ぶことを考えると、ああもう無理だなあって（笑）。

みうら　それでそんなことを考えてるうちに、面倒臭くなってきて、ついオナニーしちゃうんだよね（笑）。でもそうやって一人で始めて一人で終えるのがＤＴだもんね。

――その堂々巡りが始まる前に行動するのが、ヤリチンやモテモテの人たちなんでしょうか？

伊集院　そうだと思う。

みうら　そういう人は、気がついたらもう風俗に行ってたり、気がついたら女の人を口説いてたりするんだよね。ブルース・リーの「考えるな、感じるんだ」は、そういう意味だったんだね。「いきなり感じてこい」と（笑）。

伊集院　やっぱりこれも、モテてもないのにモテモテを目指すDT気質なんですよね。

みうら　**「ほどほど」がわからない**。仏教の教えの核心は「中道」、ほどほどを説いてるんだけどね。極端なことは避けろってお釈迦《しゃか》さんも言ってるのに、やっぱり極端になっちゃう。普通は車で女をドライブに誘えばいいのに、水着の女たちとオープンカーに乗ることをつい考えてるんだもん（笑）。

伊集院　しかもそれを、まだ自動車教習所に通ってる時点で考えてる（笑）。

みうら　僕は免許すら取ってないんだ。みんななんで取ってるんだろうって思ってたけど、そりゃ取ったほうがよかったってね。若いとき「ホットドッグ・プレス」のデートマニュアル特集で、僕がイラスト描いてるのに、内容はなんにも参考にしなかった。自分で考えたモテ方ばっかり信用してるんだ。言うとおりにすれば、多少はモテたかもしれないのに。

伊集院　我流を極めたくなるのもDTですよ。女にモテたくて体鍛えるなら、そこにジョギングしろって書いてあるのに、なぜか忍法習うくらいトンチンカンなんですよ（笑）。

みうら　一気にモテたいから、普通にモテる行程を実践しないんだよね。なんで言われてることしなかったかなあ。いまだにいいレストランとか、全然知らないもん。

伊集院　当時、モテてもないのに「ホットドッグ・プレス」を馬鹿にしてたけど、いまはモテもしないのに、チョイ悪オヤジ的なものを馬鹿にしてますよね。

みうら　あれ真似したほうが、本当はいいでしょ？

伊集院　全然取り入れる気がしない。

みうら　なんでだろう？　DTは自己流が過ぎるよ（笑）。

いまどきのお笑い芸人がモテる理由

――先ほどの「みうらも伊集院も童貞じゃないくせに」という批判のように、お二人とも著名人であることで誤解されることはないですか？

伊集院 普通はタレントにDTなんていないと思ってるじゃないですか。

みうら 思ってる思ってる。自分もたまにテレビ出させてもらってるけど、出てる人はみんなやりまくってると思ってるよ。

伊集院 共演してる僕ですら他の芸人を「モテてるくせに」って思ってますもん。ってことは、世間から見たら、みうらさんも僕も、そう思われてる？

みうら やったね（笑）。テレビで芸人がどれだけ「モテない」とか「女の子が苦手」とか言っても、「でもどうせ芸人は合コンしてるだろ」って思っちゃうんだよね。僕はそこでモテるかモテないかの前に、まず合コンに行ったことがないから。

伊集院 まず芸人になろうってときに、僕みたいに師匠の家に行って「弟子にしてくれ」って、雑巾《ぞうきん》がけしてるような時代じゃないですから。

みうら いまはお笑いの学校に行くんだもんね。くだらないことを真面目に学びに。

伊集院 「学校」なんですよ。僕みたいな「修行」はもう死滅してますよ。芸人の専門学校行ったら、そりゃ同期の仲間で合コン行ったりするでしょうからね。

みうら そういう学校行くのと、師匠の家の前で正座して待つことの違いが、DT問題でも出るような気がするな。

伊集院　お笑いの学校に行って学んで芸人になってって、無駄がひとつもない気がするんですよ。効率がいいし、正しい。目ざとい奴はお笑いの学校に行く。DTは思い込みで効率悪いことしますからね。オナニーしながら、女の人をどういかせようかシミュレーションして、出すのを我慢してたり（笑）。あの超トンチンカンぶりってちゃんと専門学校行く奴にはないと思うんですよ。

みうら　セックスもきっと同じだよ。やりたい女の人の家の前で正座して待ってたら、通報されるだけだもん（笑）。

伊集院　だけどDTは「そうすれば、彼女の心を打つんじゃないか」って思い込んでる（笑）。

みうら　かつてそれが文学のテーマだったりしたもんだけどね。いまはただのストーカーだからね。

伊集院　データが揃ってきたから、みんなもう無駄なことはしないんだろうなあ。

みうら　でも正しいことって、面白くないよね。笑われようとしてないもん。

伊集院　僕らも「笑わせようとしていた」わけじゃないけど、エピソード披露するときは確実にそうだし、確実に笑える。

ガハハオヤジは女になった⁉

――本書では、DTの対義語が「ガハハオヤジ」でした。いま、彼らはどうしてるんでしょうか？

伊集院　ああ、ガハハオヤジいなくなりましたねえ。

みうら　僕らが思ってるような、「禿《は》げ散らかしてて豪快な不動産屋のオヤジ」みたいな人って、不動産屋に行ってももういないでしょ。映画では金子信雄が演じるオヤジ。

伊集院　和田勉みたいな感じの人とかね。あと永田ラッパ（戦後の有名映画プロデューサー、永田雅一）みたいに、「女優を愛人にしたんじゃない。愛人を女優にしたんだ」って平気で言うような人を、オレたちはガハハオヤジだと思ってたんですけどね。

みうら　そういう敵がいなくなったから、DTも困ってるのかな。ソビエトがなくなって、007映画が作りづらくなったようなものだもん。

伊集院　ガハハオヤジも絶滅する前に保護しないといけないですね。

みうら その精子を琥珀《こはく》に閉じ込めて、いずれ「オヤジック・パーク」を作らないと(笑)。

伊集院 生まれたらみんな大暴れするでしょうねえ(笑)。でもこれからは、モテたい処女の女が、ヤリマンあたりを仮想敵に処女のことを語るかもしれませんよ。

――確かに昨今、モテないことを語る女性も増えてきました。

みうら 「SJ」っていう処女の本の企画があってもオレらには語れるわけないじゃん、処女だったことないんだから(笑)。

伊集院 しかも女を語れるくらいだったら、「DT」なんて本、出してないですよ(笑)。でも最近、東南アジア行って男を漁《あさ》ってるなんて話を、テレビで平気でする女芸人が出てきてるでしょう。それもうガハハオヤジじゃないですか。

みうら それって文科系ロマンチストな女子からしたら、とんでもない話ですよね。まさにDTにとってのガハハオヤジは女か(笑)。怖いね。

伊集院 そういう女の子のほうが、こういう本みたいなデータがないから、まだ悶々《もんもん》としてるんじゃないですかね。

みうら そういやMXテレビに出てる女のコメンテーターもガハハだね。

伊集院　岩井志麻子さんたちのことですよね（笑）。清々《すがすが》しいくらいガハハオヤジですよね。

みうら　そう考えると男のガハハは絶滅したね。そりゃ若い男は草食になるよ。仮想敵がいないんだもの。

それでもエロでいたい

みうら　**セックスには向いてなかったけど、それでもエロの世界にはいたい**って思うんだ。若いときはセックスがメインだったと思ってたけど、エロ宇宙の中にはセックスも一部で、オナニーもスカトロも下着フェチも、たくさん惑星があるんだよ。何も挿入するだけが全てじゃない。

伊集院　若いときは、セックスが頂点で、たとえば「ヌード写真を見る」はその代用品だったじゃないですか。でもそれも並列ってことですよね。

みうら　今日もこの対談の前に、エロスクラップを作ってたんだ。もう抜かないんだけど、ちょっとパンツがガビってたりして、もうその「ガビ」って世界でもいいんじゃないかって。

伊集院　年取って、勃起《ぼっき》しなくなった後のエロのバロメーターってなんでしょうね。
みうら　でも勃《た》たなくなって、口説き文句が「舐《な》めるだけだから」じゃないのかなあ。谷崎潤一郎の世界もそうでしょう。ジジイは〝舐める〟。
伊集院　そういう勃たないじいさん同士の、エロ話は聞きたいですねえ。元気が出ると思うんですよ。
みうら　しっかりエロの世界にさえいれば、自分も元気でいられるんじゃないかな。
伊集院　ああ、なるほど**勃たなくても楽しい**んだなって。
みうら　いまの台詞《せりふ》にちゃんと「アナル」を入れてきました（笑）。
伊集院　「大盤振る舞い」の中に「ブルマ」が入ってるみたいなものですね（笑）。DTはそのへん見つけるのうまいですから。そのへんのラッパーにも負けないですよ（笑）。

――**DTを極めた先には、エロ老人の道が待っている、と。**

みうら　セックスを極め過ぎて一夫多妻みたいな生活をしてる人もいるけど、もうなれっこないってわかったから、伊集院さんは死ぬまでラジオで面白い下ネタしてもらえればそれでいいと思うんだ。セックスしなくなったから、いきなり政治の話し始めたりするのは、ダメでしょ。

伊集院　嫌ですねえ。いまですら誰かが政治の話を始めたときの、「巻き込まれた感」ってすごいですからね。

みうら　DTはそんな政治の話なんか、ずっと大人の汚いものだと思ってるからね。

伊集院　逆にヤリチンやガハハオヤジが、セックスを卒業した後でも、DTはずっとエロの世界に居続けたいですよね。それで「まだ言ってるのかよ」って呆《あき》れられてもいい。

みうら　そういう思想本だから。この本が自分の代表作になるのだけは嫌でしょ？（笑）

伊集院　他の本はかみさんの親戚《しんせき》に頼まれてサインとか書いてますけど、この本はそもそも言ってこないですね（笑）。

みうら　やっぱりDTは「後ろメタファー」なんだよね、いつまでも。でも、後ろめたくないことなんか、ちっとも面白くないんだよ。

童貞センター試験

設問作成	みうらじゅん・伊集院光
模範解答・解説	伊集院光

残念ながらすでに童貞を失ってしまった方も、現在童貞継続中の方もこの試験で、自分の「童貞力」を知っておくことが大切です。非童貞にもかかわらず童貞力の高い方は、この本で言うところのDTです。また、まれに存在するといわれている、童貞であるにもかかわらず童貞力が低いと判断される方に関しては「面白味のない童貞」＝「駄童貞」と考えます。

解答をお送りいただいた中から、優秀なものを『DT2』に掲載する予定です。あらかじめご了承ください。

＊編集部注：『DT2』の刊行予定は現在のところありません

…模範解答

…イマイチ解答

…解説

問題1

初めて彼女が自分の部屋に遊びに来ることになった場合、前日までに部屋に用意しておくべきギミックを述べよ。※彼女との関係はプラトニックとする。

👍 あえて見つかりそうなところにエロ本を隠しておく。

👍 それを彼女が見つけることにより、最初は「〇〇くん、こんなもの見てるんだサイテー」となるが、対して「そりゃあ、男だから見るよ」と返せば彼女は「ねえ、私とエッチしたいと思ったことある？」と聞いてくるはず。

♨ **彼女のリアクションを限定しているところ、独りよがりなところに高い童貞力を感じるよい解答です。**

👍 〝コロコロカーペット〟で入念に陰毛を拾っておく。

♨ **深夜遅くまで男がコロコロやっている、とてもよい映像が浮かぶ解答です。**

♨ **また、彼女が帰った後の同じ行為（もちろん期待していたようなことはないまま）にはまた違う趣があってよいでしょう。**

👍 ラブストーリーのビデオを借りておく。この際後半にはベッドシーンがあるものを選ぶこと、またあらかじめ彼女がすでに見てしまっているビデオを4、5本足しておくことで「このビデオを選んだのは彼女であって自分が強制的に見せたわけではない」という言い訳もできる。なにより、ビデオを見るという行為は必然的に部屋を暗くできるのでよい。

♨ この解答は、高校生のときに友人・KくんがMくんに対して施したレクチャーから引用しました。その場に参加していた僕も含めて「1ミリの隙もない素晴らしい作戦だ」と感心しましたが、当時Kくんも童貞でした。

部屋の天井に、明かりを消すと光る蛍光の星のシールを貼っておく。

♨ 前述の解答と併用した場合、より童貞力がアップします。

♨ ただし、モテ度はアップしないと思われます。これらに関して女性は「部屋を暗くしたいのが見え見え」という考えを持っているということが、本書の女性編集者の証言によって明らかになっています。

冷蔵庫の中身を確認して、万が一〝プラッシー〟やケーキが3人分あった場合、そのうち1つを捨てておく。

なぜならば、自分の身に覚えのないそれらのアイテムは、おそらくオカンが気を利かせて買ったものと考えられる。3つあるということはオカンが二人の時間に乱入したうえに居座るつもりであることがうかがえる。今ごろ寝床で「うちのじゅんの彼女とお母さん、話が合うといいわぁ」などと空想している母親こそが一番の敵である。

♨ これはみうらじゅん先生の答。先生曰く「オカンは童貞の大事さを知っとる。童貞の見張り番であり、〝童貞セコム〟やから」。

何があってもいいように彼女が来る前からコンドームをつけておく。

こちらは、みうら先生の友人が以前実行したエピソード。氏曰く「何かあったときに焦ってつけられないと困るから」とのこと。満点。

僕は料理が得意だから、何かいい食材でも買っておこうかな。

これは、私の友人のいわゆるモテる大人の答。しかも「別に何もしないけど……強いて言えば」というのが頭についたうえでの解答だった。非常に童貞力の低い答であり、不愉快。

問題2

名作漫画『ドラえもん』に登場する秘密道具の中で、性的願望を成就させるために最適なものを挙げよ。またその使用方法も書け。

「ビッグライト」

いの一番に「ビッグライト」がチョイスされている場合は、有無を言わさず満点です。

「石ころぼうし」を被り気配を消し「通りぬけフープ」でバスルームに珍入、満足した後にくる罪悪感を「ハッピープロムナード」で解消する。

素晴らしい答です。かなりの童貞力とい

えます。

「もしもボックス」を使えばなんでもできる。

微妙な答です。この質問に対して答を出している時点である程度の童貞力はうかがえますが、自主的に制約を設け「『もしもボックス』を出したら元も子もないから、ここはひとつ『ソノウソホント』を使って……」くらいのひねりが欲しい。ただし、具体的な「もしも」が添えてありそれが「もしも自分が女だったら?」のように脱力感があるものだったら、点数はアップします。

基本的にマイナーな道具と説得力のある複雑な使い方が熱く書いてあるタイプの人が高得点ですし、僕は大好きです。

問題3

夏休み明けの2学期の初日、クラスの友人に対して発表する架空の初体験エピソードを書け。

この問題には、模範的な解答を具体的にここに記すということはできません。量とディテールの細かさが採点の基準です。ただし、チェックポイントとしては「ナンパした」もしくは「海で逆ナンされた」などの明らかにつっこみに対して無防備なキーワードが入っていてはよい童貞ではありません。また「いまもなおつきあっている」といった締め方も「じゃあ、今度会わせろよ」となりますので避けるのが基本。最終的にそういったつっこみに対して過敏なわりに、荒唐無稽な出来事が入っていたり、読むのが恥ずかしいくらいの恋愛小説仕立てになっていたり、ディテールが細かすぎてかえって嘘くさくなっているものが、本書で言うところのよい童貞ということになりましょう。

問題4

あなたが日ごろ実践している、他人から童貞であることを見破られないためのカモフラージュ法を書け。

コーヒーはブラックで。

悪くない答ですが、ちょっと受け狙いの感があります。

みんなでエロ本やAVを鑑賞しているときに、「実際はこんな体位は気持ちよくない」とか「この女優演技だね」などの冷めたコメントを言う。

かなり高得点が期待できる答です。またそうはいっても股間がかちんこちんだととてもいい感じになります。

周りのみんなが風俗に行った話で盛り上がっているときに「オレ風俗ダメなんだよね」というスタンスを取る。

この答だと、風俗に関する質問に答える必要もなくなるのでいい切り抜け方ができます。また、私の周りだけでも童貞時代にこのスタンスを取っていた仲間が10人以上いることからして、すでに見破られている可能性が大であるところも童貞らしくてよい答です。もちろん私もこのスタンスを取っていた時代があります。

問題5

女の子のエッチOKサインを書け。

話をしているときに何度も足を組み替える。

瞳が潤んでいる。

人前でリップクリームを塗る。

これらの答は「問題1」の解説にも登場したKくんから伝授されたものですが、当時私のハートをがっちり捉えて離さないほど信憑性がありました。この話を聞いた本書の女性編集者が「こんなことでそんなこと思われちゃたまらないわ！」と言っていましたが私はいまもKくんを信じます。

アメリカのある学者の出した学説で「赤い服を着ている女性は性欲が強い」ってのがあるらしいよ。

読み人知らずの学説を持ち出すとよりいっそういい味が出ますし、〝童貞サミット〟では参加者の尊敬が得られます。かなりの得点が期待できます。

ピアスの穴は開いているのにピアスをしてきていない。

理由は「無茶なことをして引っかかると痛いのであらかじめしていない」ということです。この答をまことしやかに切り出せるようになったら、Kくんの域です。

問題6

いままでの人生の中で見た「よい淫夢」について書きなさい。

自分は旅館に泊まっている。大浴場に行ったら、そこは風呂がない色とりどりのタイル張りの部屋だった。その壁にたくさん穴が開いている。なぜか夢の世界では「その穴に手を入れることがSEX」ということになっていて、人が見てない隙に入れてみたらすごく興奮してきた。そのうち女の人のあえぎ声が聞こえてきて、壁の向こう側では同じようなことをしている女性がいることに気づく。顔も見ていないのに「外人だ」と思った。

これは私が高校1年生のときに野球部の合宿3日目に見た淫夢です。朝起きたら夢精していたこともあり、当時は大変混乱しましたがいまとなっては非常によい〝作品〟だと思っています。ほかにも未体験者ならではのわけのわからない淫夢をたくさん見たはずなのですが、ほとんど思い出せません。これを〝童貞力の低下〟と言います。

問題7

次に挙げる女性からの質問に対する適切な返答を書け。「ねえ、男の人ってどんなときにエッチな気持ちになるの？」

「今かな」

満点です。実際には上ずった声で「……い、い、いいまか……いまかな……」と言うのが限界と思われますが、頭の中にはジェントルマン&ダンディーな自分がいるのが素敵な童貞だと思います。ちなみに実際にさらりと言えるような人にお目にかかったことはありません。

「そうだなぁ、一般論だと……」

これまたクール&インテリジェントな答です。これを口にしているさまを想像するととても間抜けな感じが出ていてよいです。

問題8

優香と乙葉から同時に愛を告白された場合どう対処するかを書きなさい。

この問題にも具体的な模範解答は記しません。「これは弱ったことになったぞ」という姿勢が大事。

「二人を傷つけないように断らなければならない」という感覚も欲しい。

「俺は乙葉のほうが好みだから」とか「俺はもともと優香のファンだから」という答は期待していない。あくまで「弱った」挙句の結論が欲しい。

問題9

よいおっぱいと悪いおっぱいを絵に描け。

これは絵に描く問題なので模範解答を挙げるのは難しいのですが、私が望むのは一生懸命描くこと（何度も消しゴムで消した痕跡などがあればなおよし）、余裕があれば色を塗ること（乳首の色に自分なりのこだわりを出すために60セット色のクーピーペンシルを買ったりすると完璧）、そして描いているうちに股間が硬くなっていることを望んでやみません。基本的には絵のうまい下手ではなく、いい歳の大人や青年が一生懸命おっぱいを描いていることにこそ意味があるのです。

問題10

次の3つの言葉を織り込んだ三題噺を作れ。「痴女」「タモリ」「サンフランシスコ」

サンフランシスコに向かう飛行機の中にタモリがいた。見とれていたら隣に座っていた女性が僕の股間をまさぐってきた。

痴女だった。

あまりにやる気のない答です。いただけません。

いつもの時間いつもの駅から乗ったいつもどおりの満員電車だったが、今日は勝手が違っていた。さっきから僕の股間をモミしだく手がある。手の主は僕の斜め前に密着している女だ。スーツに身を包み眼鏡をかけたその女は……。

こんな感じで始まり「痴女」に関しては克明に描かれているものの、「タモリ」と「サンフランシスコ」はやっつけで取ってつけたように盛り込まれている、といった作品がくれば、高い得点を差し上げたい。

また、みうら先生と私の共通見解で言うところの「長い童貞期こそがクリエイティブな能力を育てる」という理論から言えば、この設問の解答の中から素晴らしい文学作品が生まれることも考えられる。

おわりに

童貞さえ捨てればヤリチンになれると思っていたが、そうではなかった。相変わらず女性とのうまい接し方もわからないし、所有するエロDVDは増えるばかりだ。

特に僕の職場はヤリチンの匂いがぷんぷんするところなわけだが、どうもヤリチンとは意見が合わない。27歳で童貞の渡辺くんとはウマが合う。

渡辺くんはよい童貞だ。「よい」の定義はよくわからないが、渡辺くんは己の童貞とうまく折り合いをつけている感じがする。己の童貞を認め、己の童貞を笑い、己の童貞に照れ、己の童貞に少し焦っている。僕はそんな彼を「少しよい」と思っている。

彼にとって肝心なところの世の女性陣はそうは思わないようだが僕は思っている。

もしこのまま彼が30歳を迎えるようなことがあったら、僕は彼に「童貞王」の称号と大きなトロフィーをあげようと思っている。彼のことだから照れて「いりませんよそんなもの！」と言うかもしれないが、あげる。高さ2メートルくらいのやつを。

中2から高校にかけて尊敬していた人間の一人にKという男がいた。彼は童貞仲間の中心的な存在で、Kの言葉はいつも僕らの度肝を抜いた。

「うちの学校の女子の60％はもうやってるね」「マジかよ！」

放課後の学校や喫茶店で開かれていた〝童貞サミット〟は、彼の言葉によっていつも紛糾していた。そんなKは童貞だった。

僕は本当はいま、渡辺くんをはじめ童貞やDTの友人と喋《しゃべ》っているとき、Kになりたいと思っているのかもしれない。

「〝童貞心〟は乙女心より複雑なものである。」と言ったのはニーチェだったろうか。もしかしたら渡辺くんか昔の僕か、当時童貞の友達だったか、確実なのはニーチェでないことだけだ。

伊集院　光

本書は二〇〇二年八月にメディアファクトリーから刊行された単行本『D・T・』を改題して再構成し、新規対談を追加して文庫化したものです。
対談構成／松久淳　イラスト／荒井清和　撮影／吉澤広哉

D《ディー》T《ティー》

みうらじゅん　伊集院《いじゅういん》 光《ひかる》

平成25年 10月25日　初版発行
令和7年 6月25日　8版発行

発行者●山下直久

発行●株式会社KADOKAWA
〒102-8177　東京都千代田区富士見2-13-3
電話　0570-002-301（ナビダイヤル）

角川文庫 18198

印刷所●株式会社KADOKAWA
製本所●株式会社KADOKAWA

表紙画●和田三造

ISBN978-4-04-101048-8　C0195

角川文庫発刊に際して

角川源義

第二次世界大戦の敗北は、軍事力の敗北であった以上に、私たちの若い文化力の敗退であった。私たちの文化が戦争に対して如何に無力であり、単なるあだ花に過ぎなかったかを、私たちは身を以て体験し痛感した。西洋近代文化の摂取にとって、明治以後八十年の歳月は決して短かすぎたとは言えない。にもかかわらず、近代文化の伝統を確立し、自由な批判と柔軟な良識に富む文化層として自らを形成することに私たちは失敗して来た。そしてこれは、各層への文化の普及滲透を任務とする出版人の責任でもあった。

一九四五年以来、私たちは再び振出しに戻り、第一歩から踏み出すことを余儀なくされた。これは大きな不幸ではあるが、反面、これまでの混沌・未熟・歪曲の中にあった我が国の文化に秩序と確たる基礎を齎らすためには絶好の機会でもある。角川書店は、このような祖国の文化的危機にあたり、微力をも顧みず再建の礎石たるべき抱負と決意とをもって出発したが、ここに創立以来の念願を果すべく角川文庫を発刊する。これまで刊行されたあらゆる全集叢書文庫類の長所と短所とを検討し、古今東西の不朽の典籍を、良心的編集のもとに、廉価に、そして書架にふさわしい美本として、多くのひとびとに提供しようとする。しかし私たちは徒らに百科全書的な知識のジレッタントを作ることを目的とせず、あくまで祖国の文化に秩序と再建への道を示し、この文庫を角川書店の栄ある事業として、今後永久に継続発展せしめ、学芸と教養との殿堂として大成せんことを期したい。多くの読書子の愛情ある忠言と支持とによって、この希望と抱負とを完遂せしめられんことを願う。

一九四九年五月三日

角川文庫ベストセラー

アイデン&ティティ　24歳／27歳　みうらじゅん

バンド・ブームで世に出たが、ロックとはいえない活動を強いられ、ギタリストの中島は酒と女に逃避する空虚な毎日を送っていた。そのうちブームも終焉に……本物のロックと真実の愛を追い求める、男の叫び。

親孝行プレイ　みうらじゅん

最初は偽善でもかまわない。まずは行動。〝プレイ〟と思えば照れずにできる。心は後からついてくる。著者が自ら行い確証を得た、親を喜ばせる具体的なワザの数々とは。素直で温かい気持ちになる一冊。

さよなら私　みうらじゅん

「自分」へのこだわりを捨ててラクに生きよう。仏教でいう「空（くう）」を知ろう。そもそもは何もないところから生まれ、何もないところに帰っていくだけのこと。気持ちが軽くなるMJ的人生指南。

郷土LOVE　みうらじゅん

天才・みうらじゅんが全国47都道府県にあふれるばかりの愛情をもって行なった、行き当たりばったりの解説書。仏像、奇祭、文学、ゆるキャラなど、ご当地情報満載。博識ぶりに仰天間違いなし！

見仏記　いとうせいこう　みうらじゅん

幼少時から仏像好きのみうらじゅんが、仏友・いとうせいこうを巻き込んだ、〝見仏〟の旅スタート！　数々の仏像に心奪われ、みやげ物にも目を光らせる。仏像ブームの元祖、抱腹絶倒の見仏記シリーズ第一弾。

角川文庫ベストセラー

見仏記2 仏友篇

いとうせいこう
みうらじゅん

見仏コンビの仏像めぐりの旅日記、第二弾！　四国でオヘンローラーになり、佐渡で親鸞に思いを馳せる。ふと我に返ると、気づくは男子二人旅の怪しさよ……。ますます深まる友情と、仏像を愛する心。

見仏記3 海外篇

いとうせいこう
みうらじゅん

見仏熱が高じて、とうとう海外へ足を運んだ見仏コンビ。韓国、タイ、中国、インド、そこで見た仏像たちが二人に語りかけてきたこととは……。常識人なら絶対やらない過酷ツアーを、仏像のためだけに敢行！

見仏記4 親孝行篇

いとうせいこう
みうらじゅん

ひょんなことから、それぞれの両親と見仏をする「親見仏」が実現。親も一緒ではハプニング続き。ときに盛り上げ、ときに親子げんかの仲裁に入る。いつしか仏像もそっちのけ、親孝行の意味を問う旅に……。

見仏記5 ゴールデンガイド篇

いとうせいこう
みうらじゅん

京都、奈良の有名どころを回る〝ゴールデンガイド〟を目ざしたはずが、いつしか二人が向かったのは福島県。会津の里で出会った素朴で力強い仏像たちが二人の心をとらえて放さない。笑いと感動の見仏物語。

見仏記6 ぶらり旅篇

いとうせいこう
みうらじゅん

ぶらりと寺をまわりたい。平城遷都1300年にわく奈良、法然上人800回忌で盛り上がる京都、そして不思議な巡り合わせを感じる愛知。すばらしい仏像たちを前に二人の胸に去来したのは……。

角川文庫ベストセラー

角川文庫ベストセラー

出禁上等！
ゲッツ板谷

劇団四季、東京地裁、あややのコンサート、浅草サンバカーニバル、NHKの青春メッセージなど話題のスポットをアポなし取材！　歯に衣着せぬ毒舌とギャグ満載の爆笑ガチンコルポ見参！

超出禁上等！
ゲッツ板谷

ミス・ユニバース・ジャパン、ピンク・レディーのコンサート、稲川淳二の怪談ナイト……ライター界の攻めだるま・ゲッツ板谷が話題のスポットにアポなし取材＆本気で突っ込む突撃ルポ、第二弾発射！

やっぱし板谷バカ三代
ゲッツ板谷
絵／西原理恵子

郊外の住宅地、立川。この地に伝説のバカ家族、板谷家あり。日本国民を驚愕させた名著『板谷バカ三代』の続編降臨！　日本経済と足並みを揃えるかのごとく、ここ数年板谷家は存続の危機に陥っていたのだが。

妄想シャーマンタンク
ゲッツ板谷

書籍未収録の100本を超えるコラムの中で約30本を厳選し、新たに書き下ろしを加えた爆笑エッセイ傑作選。ゲッツが何故不良になり、物書きとなったか、これまで語られなかった極秘のエピソード満載の1冊!!

極選・板谷番付！
ゲッツ板谷

好きな女体の部位、虫唾が走る言葉、好きな巨大仏……そんなお題で勝手にベストテン決定！『板谷番付！』『真・板谷番付！』の2冊から珠玉の作品を厳選＆単行本未収録作も収録した「極選」版として文庫化！